Instant cheval :

La Connaissance du Cheval expliquée aux enfants...
... de 7 à 97 ans !

© Christine Chemin, 2017 - ISBN 978-2-9558893-0-5 - Tous droits réservés.
Réalisation graphique : Muriel Schmoor, Ms Kom'. www.mskom.fr
Crédit photos : Christine Chemin, Pixabay et Freepik.
Loi n° 49.956 du 6 juillet 1949 sur les publications destinées à la jeunesse : Mai 2017
Reproduit et achevé d'imprimer par Amazone Createspace
Dépôt légal de première impression : Mai 2017

Bonjour !

Bienvenue dans **ton livre d'observation Instant Cheval** ! Ce livre est fait pour toi. Pour t'aider à mieux comprendre ton poney ou ton cheval pour des moments encore plus agréables à deux.

Car on aime tous nos poneys et nos chevaux. Mais ce n'est pas toujours facile de se comprendre, lui dans ses sabots, nous dans nos bottes ! Et c'est tout à fait normal parce que nous ne sommes pas faits pareil !

Le cheval ne voit pas le monde de la même façon que nous, ne parle pas le même langage que nous, n'a pas les mêmes besoins que nous pour être bien dans ses sabots. Ça peut provoquer bien des malentendus ! Alors, **si on redécouvrait, ensemble, ce qu'est une vie de cheval et quelle est la vie de ton cheval** ? Cela nous donnera surement des idées pour encore mieux nous entendre…

LE SAVAIS-TU ?

L'éthologie équine est la science qui étudie les comportements et modes de vie des chevaux.

Le mot **éthologie** vient du grec Ethos qui signifie mœurs, coutumes, rites. L'éthologie, c'est donc comprendre les habitudes de vie des animaux.

Pour cela, on les observe le plus possible dans leur milieu naturel (chevaux sauvages ou proches de la vie à l'état sauvage comme les mustangs ou les chevaux de Camargue). On étudie aussi l'évolution de leur comportement en conditions domestiques (ton cheval en club par exemple) pour comprendre ce qui peut influencer leur bien-être.

On peut faire de l'éthologie sur toutes les espèces : chats, singes, dauphins, oiseaux, etc. Quand on étudie les chevaux, on parle d'éthologie *équine*.

"Mieux connaître son cheval pour mieux s'entendre avec lui…"

Ce livre appartient à : _____

Un mot sur ce cahier avant de commencer

Tout ce que tu vas découvrir, dans ce livre, s'appuie sur des **travaux scientifiques**. Les **éthologistes,** ceux qui mènent ces expériences, sont des hommes et des femmes qui ont décidé de consacrer leur vie à améliorer notre connaissance du cheval. Leur travail consiste à mener des observations et des expériences pour **comprendre l' « espèce Cheval »** - Comment vit cet animal à l'état naturel ? Avec qui (en troupeau, seul, en couple, etc.) ? Comment se nourrit-il ? Quelles sont ses activités principales dans la journée ? Etc.

Pourquoi est-il important de s'appuyer sur des travaux scientifiques ?

Le travail des scientifiques est de **s'assurer qu'on ne fonctionne pas sur des malentendus**. Par exemple, on pense parfois qu'un cheval qui fait son crottin dans une situation nouvelle pour lui (monter dans le van, changer de pension, etc.) est un cheval qui se détend. En fait, on sait aujourd'hui que c'est au contraire un signe qu'il est stressé ! Comment peut-on en être sûr ?

Les scientifiques ont des outils et des méthodes très rigoureux pour observer et décrire les comportements des chevaux. Ils passent de longues heures à les observer. Ils font des expériences pour comprendre ce qui fait qu'ils sont stressés ou calmes par exemple, et comment cela se manifeste – ex : réaction de fuite, changement physique comme l'augmentation de leur fréquence cardiaque, etc. Certains scientifiques commencent même à travailler sur l'ADN* du cheval pour voir, par exemple, comment les conditions de vie activent certaines gènes responsables de l'apprentissage !

Tu vois qu'on a tous plein de choses à apprendre de leurs travaux. Ça nous permet de mieux **comprendre notre cheval** et d'éviter de se faire mal bêtement ou de s'énerver parce qu'on interprète mal une de ses attitudes !

* L'ADN, c'est cette molécule qui code tous les caractères des êtres vivants (la forme du corps, la couleur des crins, etc.). C'est un peu comme un super mode d'emploi qui est contenu dans chaque cellule de l'organisme.

Mais, ce n'est pas parce que c'est sérieux qu'on ne peut pas apprendre en s'amusant ! Tu trouveras, dans ce livre, **plein d'expériences amusantes** et d'observations à réaliser toi-même. Et puis, n'hésite pas à te servir de ton appareil photo pour immortaliser ton poney dans toutes ses humeurs ! Tu verras, souvent, beaucoup de détails nous échappent sur le vif. Avec les photos, tu pourras aiguiser ton œil de sioux !

3, 2, 1, partez !

Ton parcours découverte et expériences

1) Découvre le monde vu de ton cheval   p. 10/11

Les chevaux ont, comme nous, **cinq sens** : l'ouïe, la vue, l'odorat, le goût, le toucher. **Mais voient-ils vraiment comme nous ? Entendent-ils ce que nous entendons ? A quoi ressemble le monde vu de leur point de vue ?**

C'est important car, par exemple, si tu comprends comment ton cheval perçoit son environnement, tu pourras aussi mieux comprendre ce qui l'inquiète alors que toi, tu ne vois rien d'anormal. Tu pourras mieux anticiper ses réactions et le rassurer. Moins de stress, plus de zen !

Et puis, c'est amusant de voir leurs mimiques quand ils détectent une odeur ou un goût particulier !

2) Prends tes repères sur ce qu'est une vie de cheval   p. 22/23

Les chevaux dorment-ils, comme nous, la nuit ? Combien de temps passent-ils à manger ? Quelles relations ont-ils entre eux ?
Bien souvent, en conditions domestiques, c'est nous qui décidons de leur rythme de vie. Mais c'est bien de connaître comment cela se passe en conditions naturelles. Cela te permet de savoir ce dont ton cheval a besoin pour être bien dans ses sabots. De là, à toi d'être inventif et de discuter avec les adultes qui s'occupent des écuries pour respecter au maximum ces besoins. On peut toujours trouver des choses à améliorer, petites ou grandes !

A toi de jouer !

3) Apprends comment le cheval te « parle »   p. 44/45

Comment les chevaux communiquent-ils entre eux ? Nous, nous utilisons beaucoup les mots. Et encore, c'est possible quand on se trouve avec des personnes qui parlent la même langue. Mais t'est-il arrivé, en vacances par exemple, de te retrouver avec des camarades qui ne parlaient pas la même langue que toi : anglais, espagnol, chinois ? Dans ce cas, on essaye de se faire comprendre grâce à nos expressions de visages, ou en mimant des gestes. C'est fou ce qu'on peut dire avec le corps.

Et bien **le cheval, lui, utilise beaucoup son corps pour s'exprimer : son regard, ses oreilles, sa queue.** Apprends à décrypter ses codes pour mieux communiquer avec lui.

Avant d'aller plus loin dans ce livre, prends le temps de t'interroger : Que sais-tu du cheval en tant qu'animal ? Qu'aimerais-tu savoir ? Note tes questions ici.

Présentation des "Top Models"

Découvre les chevaux que tu vas voir dans ce livre

Tout au long du livre, tu vas voir **Anda, Eleen, Kohina et Crispino** dans tous leurs états. C'est intéressant de suivre les mêmes chevaux, surtout dans les parties 2 et 3 du livre, parce que ça permet de mieux voir leurs changements d'attitudes et les relations qu'ils entretiennent entre eux. C'est comme cela qu'on **apprend à les connaître** aussi **individuellement**. N'hésite pas, de ton coté, à coller, sur les pages blanches, des photos de **ton propre cheval** pris dans tous ses états !

En attendant, quelques mots de présentation sur tes top modèles...

Anda

Kohina

Jument de race **Shagya**. Un esprit zen dans un corps d'athlète. Son plus grand plaisir : faire la sieste les sabots dans l'eau l'été... et moi avec elle !

Jument de race **Shagya**. Kohina, c'est un peu la princesse du groupe : beaucoup d'énergie, mâtiné d'un zeste de caprice et de beaucoup de gratouilles !

Eleen

Crispino

Jument de race **Shagya**. Alors, elle, c'est une guerrière, Un mélange détonnant de puissance et d'émotivité. Mais c'est aussi madame câlins !! Un vrai pot de colle quand elle s'y met !

Poney hongre de race **Caspien**. Un amour de petit cheval, tellement généreux quand il est en confiance. Notre mascotte !

 Instant cheval

LE SAVIEZ-VOUS ?

Les **pur-sangs Arabe-Shagya** sont des chevaux de sport et de loisir très **polyvalents**. On les a vu à haut niveau en obstacle, en concours complet, en endurance et même en attelage ! Leur morphologie est proche du pur sang arabe mais en plus grand et athlétique. Cela leur permet d'allier **puissance et souplesse**. Ils sont aussi très proches de l'homme, à la fois vifs et confiants. Un vrai régal !

Quant au **Caspien**, c'est **l'ancêtre du pur-sang arabe**. C'est un cheval miniature de 1,10 à 1,30 au garrot. Très proche de l'homme, vif mais docile, il est super avec les enfants. En Angleterre, on l'apprécie pour son coup de saut et en attelage !

Et toi, qui est le cheval ou le poney que tu vas apprendre à connaître à fond ? Prends le en photo ou dessine-le :)

Partie 1

Découvre le monde vu de ton cheval

*Comment le cheval voit-il ? Sent-il ? Etc.
C'est important de le savoir car cela conditionne beaucoup de ses réactions !*

La vue de mon cheval

Le cheval voit-il le monde en couleur comme nous ?

Le cheval **voit le monde en couleur,** mais avec beaucoup **moins de nuances que nous.** En effet, tu sais peut être que toutes les couleurs que nous voyons sont le résultat du mélange de trois couleurs « primaires » : le jaune, le rouge et le bleu. Nous pouvons voir le monde de façon très colorée car nous possédons, dans notre œil, des cellules en forme de cônes qui nous permettent de capter l'ensemble de ces couleurs. Nous avons un cône pour les teintes de bleu, un cône pour les teintes vertes et jaunes, et un cône pour les teintes qui vont du jaune orangé au rouge.

Le cheval, lui, n'a pas ce dernier cône « rouge ». Qu'est-ce que ça change ? Et bien, quand même pas mal de choses… Regarde par toi-même :

Expérience 1 : Compare la palette de couleurs que voit l'homme à celle que voit le cheval.

Combien de couleurs voit l'homme ?
Voici une planche que tu peux obtenir en mélangeant simplement les trois couleurs primaires.

Combien de couleurs voit le cheval ?
Munis-toi de peinture. Mélange le jaune et le bleu en différentes quantités… Tu vois très vite que le seul fait d'avoir un cône de moins diminue énormément le nombre de couleurs vues…

Découvre le monde vu de ton cheval

Expérience 2 : Transforme tes photos.

Sais-tu te servir des logiciels de retouche photo ? Si oui, prends, par exemple, une photo de ton parcours d'obstacles puis enlève les rouges dans le menu de réglage des teintes. Cela te donnera une idée de comment ton cheval le voit.

Exemple : Voici un drapeau vu par un homme avec une vision « normale »...

... Ce même drapeau vu par un cheval...

Assez différent n'est-ce pas ? Et qu'est-ce que ça change ?

Et bien, cela peut faire que certaines choses que tu vois très bien, le cheval, lui, les verra moins bien ou les verra plus tard... Imagine un lapin vert couché dans des fourrés oranges. Tu vois ce que ça donne pour lui ? ;-)

Plus sérieusement, réfléchis-y dans ton évironnement habituel. Par exemple, en quelles couleurs peindrais-tu tes barres d'obstacles ?

LE SAVAIS-TU ?

Le cheval ne voit pas seulement différemment de nous. Il a aussi **une ouïe* différente**. Le cheval perçoit les sons dont la fréquence se situe entre 55 Hz et 33 500 Hz, alors que l'homme entend les sons dans une fourchette de 16 Hz à 20 000 Hz. Qu'est-ce que ça veut dire ? **Il entend certains sons que nous n'entendons pas et n'entend pas certains sons graves que nous entendons !** Cependant, ne t'inquiète pas, il entend parfaitement ta voix. Il est aussi nettement meilleur que nous à repérer d'où viennent les sons grâce à ses oreilles hyper mobiles. Tu arrives, toi, à mettre une oreille en avant, une oreille en arrière ? ;-)

* L'ouïe est le sens qui nous permet d'entendre. Les sons sont des vibrations qui se propagent dans l'air. Ils sont captés par nos oreilles. Ils sont ensuite transmis au cerveau qui les analyse. Une des choses qui permet au cerveau de reconnaître les sons les uns des autres est le nombre de vibrations par seconde – ce qu'on appelle la fréquence et est mesuré en Hertz.

À retenir !

C'est important de savoir comment ton cheval voit et entend pour mieux comprendre et anticiper ses réactions. Bon d'accord, il est rare de trouver un lapin vert dans un fourré orange ! Mais tu comprends bien que ton cheval pourra être plus facilement surpris que toi par certaines choses qu'il voit moins bien. Il risque de ne voir notre lapin vert que si celui-ci bouge... et risque donc d'être surpris ! Si tu le sais, tu ne te laisseras pas désarçonner.

De même, s'il se fige, c'est peut-être qu'il aura entendu quelque chose que tu n'as pas perçu. Essaye de comprendre d'où ça vient et rassure-le.

La vue de mon cheval

Le cheval voit-il la nuit ?

Le cheval ne peut pas voir dans le noir complet. En revanche, il **voit bien dans l'obscurité**, bien mieux que nous en tout cas ! On dit qu'il a une excellente « vision crépusculaire » (dans la pénombre, par clair de lune). C'est important pour lui car cela lui permet de rester **actif la nuit**. Les éthologues ont montré que les chevaux passent encore 60% de leur temps à manger entre minuit et 4h du matin !

En revanche, son œil a besoin de temps pour s'habituer au changement de luminosité. De plus, le cheval **se méfie** instinctivement **des zones mal éclairées**. C'est pourquoi, parfois, il peut freiner – voire piler ! – en balade quand tu passes de zones en plein soleil à un sous-bois par exemple. Penses-y également quand tu veux faire monter ton cheval dans le van. Laisse-lui le temps de s'habituer au changement de luminosité ou trouve d'autres astuces : allume une lumière dans le van, positionne-le de façon à ce qu'il y ait moins de différence de luminosité dedans/dehors, etc. !

Comment le cheval voit-il autour de lui ?

As-tu remarqué des différences entre les yeux de ton cheval et les tiens ? Il y en a trois essentielles : **la position des yeux sur la tête** (sur le coté de la tête contre sur le devant pour toi), **la forme de la pupille** (allongée contre ronde pour toi), **et le fait que l'œil puisse plus ou moins bouger dans son orbite**. (Par exemple, tu peux lever les yeux au ciel sans bouger la tête tandis que ton cheval ne le peut pas). Ces différences ont plusieurs impacts sur comment le cheval voit ce qui l'entoure.

Une vision panoramique très large mais plus de zones floues

Chaque œil du cheval voit loin sur le côté grâce à sa large pupille. Ce qui fait qu'au total, **le cheval voit à 340°** - presque un tour complet (360°). En revanche, il y a beaucoup de zones qu'il ne voit que d'un seul œil. C'est important car, dans ces zones, il voit moins profond, moins net. La zone où il a la meilleure vision est celle où il voit avec ses deux yeux (champ binoculaire), en face de lui.

Un besoin accru de pouvoir bouger la tête

Le cheval ne peut pas bouger son œil, il a besoin de pouvoir baisser la tête pour bien voir les objets au sol ou, au contraire, de relever la tête pour bien voir au loin.

Cheval
Champ visuel total = 340°
Champ binoculaire = 65°

Homme
Champ visuel total = 190-210°
Champ binoculaire = 120°

Des angles morts devant et derrière

Le cheval a les yeux sur le côté (et non devant le visage comme nous). Cela fait qu'il ne voit pas ce qui se trouve tout près de son chanfrein (ligne front/ nez). C'est pourquoi, par exemple, mieux vaut l'aborder un peu de coté plutôt que complètement de face pour ne pas le surprendre. Il a aussi un angle mort (zone où il ne voit pas) sous son menton et derrière sa croupe.

Découvre le monde vu de ton cheval

Expérience 1 :

Penses-tu que Crispino puisse voir les blocs d'obstacle sans tourner la tête là où il est ? Et toi ? Fais l'expérience. Place deux plots, mets-toi au milieu et avance droit devant toi. Arrête-toi dès que tu ne les vois plus sans tourner la tête. Tu verras que tu ne les dépasseras pas beaucoup. Crispino, lui, grâce à sa vision panoramique large, voit ces blocs. En revanche, il voit plus des formes que des blocs très nets car ceux-ci sont en limite de son champ visuel. Il peut donc être facilement inquiété par ce qui est derrière lui.

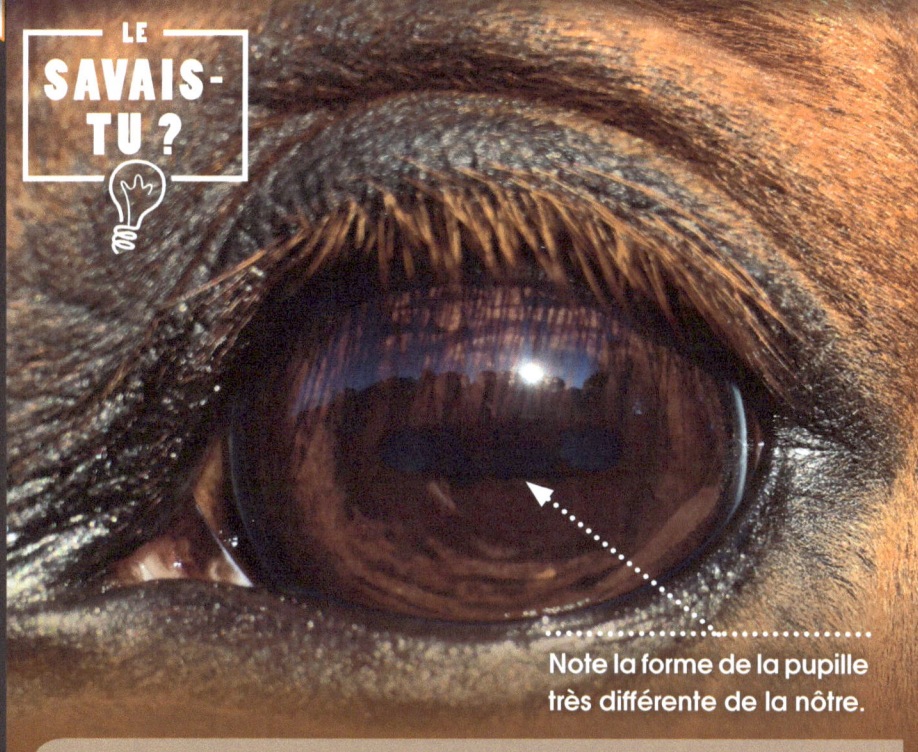

LE SAVAIS-TU ?

Note la forme de la pupille très différente de la nôtre.

Si les chevaux voient si bien la nuit, c'est notamment parce qu'ils ont, au fond de l'oeil, ce qu'on appelle un **tapis rétinien**. C'est comme s'ils avaient **pleins de petits miroirs qui captent la moindre lumière et la renvoient vers la rétine**. Les chats aussi, par exemple, ont ça. C'est ce qui fait qu'ils ont les yeux qui brillent quand tu les éclaires, la nuit, avec les phares de ta voiture ! La lumière est renvoyée par leur tapis rétinien. En revanche, les hommes n'en ont pas.

Expérience 2 :

Mets-toi à l'abord d'un obstacle à pied. Fais comme si tu ne pouvais pas bouger tes yeux vers le haut et le bas. Essaye de regarder tes pieds, puis la barre haute de l'obstacle. Puis au loin.
Tu es obligé de beaucoup bouger ta tête, non ?
Tu comprends maintenant combien il est important pour ton cheval de conserver une tête et une encolure mobile. Penses-y une fois en selle ! Souvent on fige trop l'encolure de nos chevaux avec nos rênes trop courtes ! Et c'est encore pire avec les enrênements !

Pense à tout ce que tu fais avec ton cheval : le faire passer d'endroits lumineux à des endroits moins éclairés (box, salle de douche, etc), le faire monter dans le van, aller en ballade en terrain varié (champs, sous-bois, etc.)... Quels sont les moments où ton cheval peut être plus surpris ou inquiet que toi du fait de sa vision ?

L'odorat de mon cheval

Le cheval a-t-il un bon odorat ?

Oui, c'est un sens important pour lui. Il a de larges naseaux qui lui permettent de capter **un maximum d'odeurs**, et il se sert beaucoup de son odorat dans la vie de tous les jours.

Par exemple, en pré, il s'en sert pour différencier les types d'herbes avant même de les goûter ! En balade, il est possible, de temps en temps, qu'il s'arrête net, campé sur ses quatre jambes, l'encolure haute, les naseaux dilatés. Souvent, nous, avec nos sens d'humain, on ne voit ni ne sent rien de spécial et on se dit : « Il est bizarre ce cheval. » Mais c'est peut-être tout simplement qu'il a senti une odeur lointaine - par exemple, celle d'un troupeau de vaches -, et qu'il essaye de l'identifier pour savoir si il y a danger.

Que se passe-t-il quand un cheval ne « sent » pas son congénère ?

On sait que les chevaux **s'échangent des informations** grâce aux odeurs. Mais on ne sait pas bien quoi ! Tu as peut-être déjà vu deux chevaux qui se rencontrent se mettre nez à nez et se sentir. On appelle cela **le contact nasonasal**. Les scientifiques pensent que cela leur permet de reprendre contact quand ils ont été séparés. (C'est un peu comme leur poignée de main pour se dire bonjour quand ils se retrouvent.) et de se transmettre des informations. Mais lesquelles ? Aucune idée ! Quand-même, on aimerait bien savoir ce qu'ils se racontent ! « Alors, c'était bien ta balade. »
« Bof, y'avait plein d'herbe tentante sur le bord du chemin mais on n'a pas eu le temps de s'arrêter. » :)

Et ces longs poils autour de ses naseaux et sur son menton, ça sert à quoi ?

Ce ne sont pas de simples poils, ce sont des **organes sensoriels*** ! On appelle cela les **vibrisses**. Ce n'est pas très beau mais c'est très utile pour nos chevaux. Elles jouent le même rôle que les moustaches chez le chat. Elles leur permettent de **mieux percevoir leur environnement**.

Par exemple, quand le cheval broute, il ne peut voir ce qu'il y sous son nez. Les vibrisses l'aident à trier l'herbe. En box, les vibrisses sont essentielles pour que le cheval puisse évaluer la distance à la mangeoire quand il mange. Ce qui fait qu'on voit des chevaux à qui on a coupé les vibrisses se cogner contre leur mangeoire. En paddock, cela leur permet de savoir si la clôture électrique est branchée (ou non…) !

* Organe sensoriel : Partie du corps qui permet au cheval de recevoir des informations sur le monde qui l'entoure.

Découvre le monde vu de ton cheval

Mais quelle est cette drôle d'attitude ? Tu as peut être déjà vu un cheval sentir un crottin ou un chien par exemple puis tendre sa tête vers le haut en retroussant sa lèvre supérieure. C'est ce qu'on appelle le **flehmen**. En faisant cela, le cheval bloque l'odeur dans une sorte de super instrument à analyser les odeurs qu'on appelle **l'organe de Jacobson**. Et alors là, plus aucune nuance de l'odeur ne lui échappe. Trop fort ce cheval ! Pour la petite histoire, sur la photo, on vient juste d'arriver à la mer. Il y a plein d'odeurs inhabituelles pour Crispino !

LE SAVIEZ-VOUS ?

À retenir !

Pense à tout cela la prochaine fois que tu vas voir ton poney. C'est important de le laisser te sentir. C'est une façon d'être poli, de dire bonjour. Et puis quand tu lui présentes un nouvel objet, même qu'il connaît - la brosse, une bâche, un pschiitt anti-insecte -, laisse-le lui sentir. Sinon, c'est comme si tu lui interdisais de savoir ce qui se passe. Ça peut être stressant pour lui - et devenir dangereux pour toi ! -, surtout si ton cheval est de tempérament un peu peureux.

C'est drôle de les voir faire leur flehmen. Envie d'essayer avec ton poney ? Fais-lui, par exemple, sentir un bonbon à la menthe. Ça marche presque à tous les coups ! (Mais attention, il risque aussi de vouloir le manger si il est gourmand. Attention à tes doigts !)).
Prends-le en photo ou dessine-le.

Le goût de mon cheval

Le cheval est-il un fin gourmet ?

Beaucoup plus qu'on ne croit ! Contrairement à certains animaux comme le chat qui ne sent presque pas le goût du sucré, le cheval a des papilles gustatives* qui lui permettent de **différencier le sucré, l'amer, l'acide et le salé**. Il a d'ailleurs tendance à préférer le sucré. Donc, si tu veux lui faire plaisir, avec une carotte ou une pomme, tu es pratiquement sûr de ton coup. Evite cependant le carré de sucre, car, même si les chevaux en raffolent, ça peut leur donner des caries comme à nous !

Mais au-delà de ces gourmandises bien connues, certains chevaux sont de vrais gourmets en recherche de **goûts variés**. Dans la nature, ils mangent plus d'une cinquantaine d'espèces de plantes.

Les chercheurs se sont amusés à faire des tests statistiques sur les goûts préférés par les chevaux. Et ils en ont trouvé des surprenants. Par ordre de préférence, on retrouve : le fenugrec, la banane, la cerise, le romarin, le cumin, la carotte, la menthe et l'origan.[1] Mais **chaque cheval** a vraiment **ses préférences**. Il y en a même qui apprécient les saveurs épicées comme le gingembre. A chacun son goût !

* Papille gustative : petit capteur situé sur la langue qui permet de détecter le goût de ce qu'on mange.

Le cheval peut-il changer de goût ?

Oui. C'est comme toi. Le goût de ton cheval peut **évoluer dans le temps**, et même en fonction de son état de santé ! Par exemple, si tu fais des cures d'ail à tes chevaux pour les aider à repousser les insectes et à améliorer leurs défenses immunitaires*, tu verras que parfois, ils se jettent dessus, et parfois ils le boudent. Ça dépend de leur état de santé. Pareil pour les pierres à sel. Ils régulent leur consommation en fonction de leurs besoins.

A noter : Chaque cheval a ses préférences. Ils n'aiment pas tous les mêmes goûts. Certains sont de gros gloutons et aiment tout ; d'autres boudent systématiquement les aliments nouveaux. Ça peut compliquer les choses quand on doit leur donner un médicament naturel par exemple. Pour t'aider, mélange cet aliment avec celui que ton cheval préfère : une compote de pomme, une banane écrasée, etc. ! ;-)

* Défense immunitaire : ce qui permet au corps de se défendre contre les maladies.

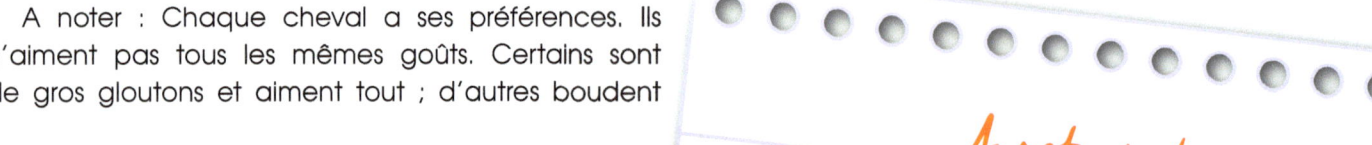

A retenir !

Tu peux très bien utiliser la préférence de ton cheval pour certains aliments pour t'aider dans le travail et dans les soins. Par exemple, avant le passage du dentiste, tu peux badigeonner quelques fois ses gencives de miel. Ça l'habitue à un contact dans la bouche en l'associant à quelque chose de bon. Remplir une seringue de compote de pomme est une bonne manière de faciliter la prise du vermifuge. Et pareil dans le travail : bien utilisée, la récompense alimentaire est très efficace pour motiver ton cheval !

Découvre le monde vu de ton cheval

Le cheval peut-il aimer des plantes toxiques pour lui ?

Normalement, dans la nature, le cheval **apprend à reconnaître les plantes dangereuses pour lui.** Pour cela, avant même de les goûter, il se sert de son odorat pour se diriger vers les plantes qu'il sait comestibles. Mais le problème vient surtout quand les plantes sont coupées ou fanées. Là, il peut ne plus les reconnaître. C'est pour cela qu'il y a souvent des accidents avec les gens qui mettent les débris de la taille des arbres, y compris d'If qui est mortel pour le cheval, dans les prés.

Ceci étant, nos chevaux domestiques ont moins l'occasion de développer leur instinct sélectif. Donc mieux vaut rester prudent !

Sais-tu comment on appelle ces drôles de mimiques ?

Galerie de grimaces !

Un chercheur canadien Ian Q. Whishaw[2], leur a donné le nom de « Sucrose Bob » (à droite) et « Quinine Gape » (à gauche) en anglais. En fait, ce chercheur a montré que chaque goût est associé à une expression du visage chez le cheval.

Quand les chevaux goûtent du sucre, ils ont tendance à secouer leur tête, en pointant les oreilles en avant, et en tétant leur langue. Quand ils goûtent de l'acide - la quinine dans l'expérience -, ils ont tendance à ouvrir leur bouche, voire à sortir la langue et à étirer l'encolure. Ce serait lié à la position des capteurs des différents goûts. Ils sont situés au bout de la langue pour le sucre. Le sucre étant un gout plutôt apprécié du cheval, il a tendance à essayer d'attirer la substance dans sa bouche par ses mouvements de tête ou en suçant sa langue. A l'inverse, le goût acide étant moins apprécié et les capteurs à l'arrière de la bouche, le réflexe du cheval est d'essayer de repousser la substance vers le dehors.

Crée ta propre galerie de grimaces avec ton poney. Pour cela, munis-toi d'un pot de miel et d'un pinceau à graisser les sabots neuf. Dépose un peu de miel sur les lèvres de ton cheval grâce au pinceau. Le miel est naturellement sucré. Tu as des chances de voir un "sucrose bobs". Ensuite, prends un peu de Indian Tonic. C'est une boisson qui contient de la quinine. Donne-en un peu à ton cheval. Avec un peu de chance, tu seras assez rapide pour prendre en photo un "quinine gap". Attention, pour le faire en toute sécurité, demande à un adulte qui connaît le cheval de t'aider. Et pas la peine d'enquiquiner ton cheval 10 fois de suite avec ça ! Ça doit rester un jeu, pas devenir désagréable pour lui.

Le toucher de mon cheval

Le cheval est-il un animal très sensible au contact ?

La sensibilité du cheval n'est pas liée à sa taille. Ce n'est pas parce qu'un cheval est grand qu'il faudra lui donner un coup de talon plus fort pour qu'il sente quelque chose ! La sensibilité dépend du **nombre de terminaisons nerveuses sous la peau.** Chez l'homme, elles sont très nombreuses au niveau des pieds et des mains. **Chez le cheval, c'est sur tout le corps !** Certaines zones sont plus sensibles que d'autres : **la tête et le dos sont très sensibles.** Les jambes moins. Mais ce qu'il faut retenir, c'est que le cheval est plutôt un hyper sensible. La présence d'une simple mouche suffit à le faire réagir, voire à l'agacer !

Tous les chevaux réagissent-ils de la même façon au contact ?

Non ! Certains chevaux réagiront vite et fort au contact. D'autres seront plus tolérants ou «froids » au contact. Chaque cheval est unique ! Cela fait parti de sa personnalité. C'est important de le prendre en compte quand on s'en occupe ou quand on le monte. Par exemple, un cheval très sensible s'agacera plus vite si on n'est pas très précis dans ses aides, ou pourra être plus chatouilleux au pansage. Un cheval moins sensible sera, en général, plus simple à monter mais aussi moins réceptif et performant en compétition… A nous aussi de nous adapter pour construire une relation plus positive.

Les chevaux aiment-ils les câlins ?

Les chevaux recherchent moins spontanément les caresses que les chiens ou les chats. Mais ils peuvent apprendre à beaucoup apprécier notre contact si nous nous y prenons bien.
Par exemple, les chevaux se font entre eux du **toilettage mutuel** : ils se grattent l'un l'autre, et ils apprécient beaucoup cela ! On peut s'en inspirer pour nos câlins ;) Observe où ils aiment se faire gratouiller : base du garrot, poitrail, épaule, etc., et devient leur grattouilleur officiel !

À noter !

À part les gratouilles, les chevaux aiment plutôt les contacts légers. En prairie, tu peux parfois voir un cheval toucher doucement un autre cheval avec son museau sur l'épaule ou une autre partie de son corps. Quand c'est un signe d'affection, c'est très doux. Il l'effleure juste.

En revanche, on a souvent pour habitude de tapoter l'encolure de nos chevaux pour les récompenser. Attention, en langage cheval, une tape sur l'encolure est plutôt un signe d'agression qu'un signe d'affection. Mieux vaut une gratouille au niveau du garrot.

Séance de gratouilles au garrot pour Anda. Elle a l'air d'apprécier !

Découvre le monde vu de ton cheval

Penses-y. Si le cheval ressent chaque petite patte de mouche qui se pose sur lui. Tu imagines son calvaire en été ? Sans parler des petits insectes qui se mettent dans sa crinière ou à la base de sa queue et le démangent. Assure-toi qu'il a **des choses pour se gratter** : par exemple, **fixe une brosse au mur dans son boxe, inclus un arbre dans son paddock, un cône stable, etc.** Egalement, pendant les balades, l'été, tu peux détacher une branche avec des feuilles et l'aider à se débarrasser des insectes en passant la branche sur son corps. Préviens-le les premières fois pour qu'il ne soit pas surpris. Mais il va vite comprendre que tu l'aides ! C'est aussi ce genre de petite chose simple qui peut **améliorer le bien-être de ton cheval** et votre relation !

A retenir !

Le cheval est un animal doté d'une sensibilité très développée. Le contact peut donc vite devenir une source de plaisir ou, au contraire, d'inconfort si on y va trop fort. A méditer quand on le brosse, quand on communique avec lui via les aides, etc.

Prépare-toi pour d'intenses séances de gratouille ! Mais n'oublie pas : si ton cheval s'écarte ou couche les oreilles, c'est qu'il n'a pas envie ou que ce n'est pas l'endroit où il aime être gratouillé. Respecte-le et change d'endroit ou remets tes gratouilles à plus tard !

Partie 2

Prends tes repères sur ce qu'est une vie de cheval

On ne peut pas toujours leur offrir des conditions de vie naturelles. Mais connaître celles-ci permet de mieux savoir de quoi ils ont besoin pour se sentir bien !

La journée de mon cheval

15 à 16 h par jour

Je mange !

Et oui, **c'est mon activité principale,** et de loin ! Et je ne mange pas que de l'herbe. Je mange aussi des feuilles et écorces d'arbres, des fleurs de chardon, des pousses d'arbustes, des plantes aquatiques, etc.

5 à 6 h par jour

Silence, je me repose !

Que ce soit debout ou couché, moi aussi, j'ai besoin de me reposer. Mais, contrairement à toi, je ne dors pas que la nuit. Je fractionne mon repos tout au long de la journée.

Prends tes repères sur ce qu'est une vie de cheval

A quoi passe son temps un cheval dans la nature ?

Chaque espèce animale* a une façon bien à elle de passer ses journées. Un chat peut dormir jusqu'à 16h par jour. Dans la nature, il dort plutôt le jour et se réveille en général au crépuscule pour aller chasser. Le chien adulte, lui, dort en moyenne une douzaine d'heures par jour, par siestes successives. Quant à l'homme, il dort la nuit. Mais, le cheval, est-ce un gros dormeur d'après toi ? Trouve la réponse dans cette page.

De même, le temps consacré à manger est très différent d'une espèce à l'autre. Et pour cause, on ne se comporte pas pareil, et on n'a pas le même système digestif, selon que l'on est carnivore ou herbivore.

C'est important de connaître l'emploi du temps de référence du cheval car plus on se rapproche, dans nos conditions de vie domestique, de leurs comportements naturels, plus nos animaux préférés sont en général bien dans leurs sabots et en bonne santé !

* Espèce animale : ce qui permet de faire la différence entre les types d'animaux. Par exemple, il y a l'espèce des chevaux, l'espèce des chats, l'espèce des chiens. A l'intérieur d'une même espèce, les individus partagent certaines ressemblances physiques et sont capables de se reproduire ensemble.

2 à 3 h par jour

J'observe mon environnement

Parce que je suis curieux et que je reste attentif à ce qui se passe autour de moi…

2 h par jour

Je me déplace

Pour changer de lieu de pâturage, pour aller au point d'eau, me mettre à l'abri des insectes, etc.

Et le restant du temps : je me gratte, je me roule, j'interagis avec mes copains, je saillis mes juments si je suis un étalon pour avoir de beaux poulains l'an prochain…

15 à 16 h par jour passées à manger… Ça mérite bien un petit zoom !

Quelques chiffres et faits amusants sur l'alimentation

10 à 12 « repas » par jour

Et oui, rien à voir avec nous. Le cheval mange **très fractionné**. Et il mange **tout au long de la journée… et de la nuit !** Les scientifiques ont observé qu'en conditions naturelles, les chevaux passent encore plus de 60 % de leur temps à manger en plein milieu de la nuit. C'est pour cela qu'il vaut mieux laisser du foin à volonté et fractionner au maximum les rations de granulés.

Un estomac riquiqui et un gros intestin maousse costaud !

Le cheval broute normalement 15 à 16 h par jour. Son appareil digestif est fait pour recevoir des petits repas tout au long de la journée et **pleins de fibres à digérer**. Son gros intestin est un top chef pour tirer des fibres tout ce dont le cheval a besoin pour être en forme, y compris les acides gras volatiles qui lui fourniront son énergie tout au long de la journée. 2 kg d'un bon foin équivalent ainsi à 1 kg d'orge environ d'un point de vue énergétique !

1 pas toutes les 12 secondes

Manger en marchant, quelle drôle d'idée ! C'est pourtant une spécificité du cheval. Les scientifiques ont calculé qu'il faisait en moyenne **un pas toutes les 12 secondes**. Il faut dire que le cheval est prédisposé aux coliques par constipation. Rester en mouvement est leur moyen naturel de lutter contre ce risque.

50 espèces de plantes

Le cheval recherche activement **la diversité alimentaire**. On y pense rarement mais en écurie, par exemple, le cheval apprécie qu'on lui donne plusieurs types de fourrages. Les chercheurs ont montré que des chevaux à qui on donnait plusieurs types de fourrage développaient moins de signes de frustrations et de tics à l'écurie que ceux qui n'en avaient qu'un seul ![7]

30 000 bouchées par jour !

Et oui, **ça mastique à longueur de journée !** Pourquoi c'est important ? Parce que **chaque bouchée active la salivation**. Et la salive aide à **protéger le cheval contre les attaques acides de son estomac**. Avec les granulés, il mange beaucoup plus vite, mâche moins, a plus vite l'estomac vide. Sans fourrage le restant du temps, il peut vite développer des ulcères. En plus, la mastication est associée à la sensation de satiété chez le cheval. Ce qui fait qu'on peut très bien avoir l'impression de bien le nourrir car on lui donne des bons granulés mais le cheval, lui, peut ressentir un manque !

Manger à table, non merci !

On a tendance à donner à manger à nos chevaux en écurie dans des mangeoires en hauteur. C'est quand même plus confortable pour eux, non ?… En fait, pas si sûr. Car le cheval broute normalement, la tête au sol. Cette position contribue par exemple à la **bonne usure de ses dents**. Ça, et le fait qu'ils aient moins à mâcher les grains, font que les chevaux d'écurie ont souvent plus de chance de développer des surdents. C'est quoi les surdents ? C'est comme si le bord des dents n'était jamais limé et se transformait en pieux tranchants ! Ouille ! Ça peut causer des vraies blessures dans la bouche.

Pleins de microbes très utiles !

Le cheval a pleins de microbes dans son gros intestin. C'est ce qu'on appelle **la flore microbienne**. Elle est essentielle pour sa bonne digestion. Mais attention, elle varie en fonction de ce que ton cheval mange. C'est pour cela qu'il faut toujours organiser **des transitions alimentaires progressives** !

Prends tes repères sur ce qu'est une vie de cheval

La reconnaissance du ventre, ça marche à tous les coups !

A ton avis, ton poney préfère-t-il une bonne gratouille ou une récompense alimentaire quand il travaille bien ? Qu'est-ce qui est le plus efficace pour améliorer ta relation avec lui ?

C'est la question que s'est posée une équipe de chercheurs français, Sankey et al.[8] Ils ont entraîné deux groupes de chevaux en récompensant l'un avec de la nourriture, l'autre avec des séances de gratouilles au garrot, ce que se font les chevaux entre eux pour se montrer leur affection. Ils ont observé que les chevaux récompensés avec de la nourriture ont appris plus vite et passaient spontanément plus de temps proche de l'homme en liberté, preuve que la nourriture contribue activement à créer une relation positive !! :)

Attention cependant, il y a des règles pour bien utiliser les récompenses alimentaires. Renseigne-toi !

Et moi, mon cheval, que mange-t-il ? Note par exemple le type de nourriture qu'il a (herbe, foin, paille, granulé, etc.) Essaye de faire une estimation du temps qu'il passe à manger – combien d'heures par jour a-t-il accès à l'herbe ou au foin ? Combien de repas de granulé a-t-il par jour et combien de temps met-il pour tout dévorer ce gros glouton ;) ? Ça pourra te servir de base pour voir comment encore améliorer son régime.

La vie en communauté de mon cheval

Un cheval aime-t-il vivre seul ou en groupe ?

Le cheval fait partie des **espèces dites « sociales »**, comme l'homme. On dit qu'une espèce est sociale quand les individus d'une même espèce cherchent à **rester avec d'autres individus de la même espèce** avec qui ils entretiennent des **liens durables**.

C'est bien différent du chat qui est une espèce solitaire : le papa chat ne reste pas avec la maman chat pour élever les chatons.

Les chevaux ont **des préférences entre eux**. Cela veut dire qu'ils s'entendent mieux avec certains qu'avec d'autres. Cela se voit par les contacts entre eux mais surtout par leur **proximité** : qui se tient le plus près de qui ?

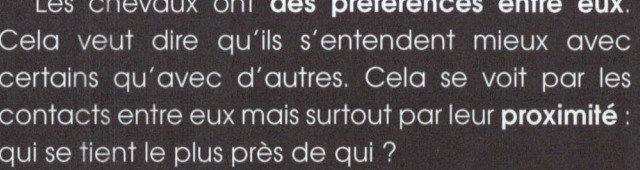

Dans la nature, les chevaux vivent en **groupes familiaux**. Il y a souvent le papa, 1 à 3 mamans et leurs poulains de 0 à 2/3 ans.

Plusieurs familles peuvent partager un même espace. Elles forment alors un **troupeau**.

Les chevaux d'un même groupe **se connaissent très bien entre eux**. Et ces familles sont assez stables. L'étalon reste avec ses juments plusieurs années. Il joue même un rôle dans l'éducation du poulain !

Chez les chevaux hébergés en groupe en pâture, l'arrivée d'un petit nouveau crée toujours beaucoup d'excitation. (Ici le petit gris...)

Prends tes repères sur ce qu'est une vie de cheval

95 % du temps

La vie de cheval est-elle plutôt calme ou agitée ?

On adore voir les chevaux galoper, se cabrer, etc. Ils sont tellement beaux et puissants. Pourtant, la vie du cheval en conditions naturelles ressemble beaucoup plus souvent à la photo ci-dessus qu'à celle ci-dessous ! L'immense majorité du temps, le cheval est **occupé à se nourrir tranquillement, à se reposer et à observer son environnement.** C'est vrai, parfois, il leur prend un petit grain de folie. Mais souvent c'est le signe qu'ils sont sur le qui-vive ou qu'ils sont excités, par exemple, par la découverte d'une nouvelle partie de pâture ou par des conditions météo particulières. Leur vie en général, c'est beaucoup de déplacement lent, très peu de rapide. L'inverse de ce qu'on leur fait faire souvent !

5 % du temps

Comment ton cheval est-il hébergé ? Dehors ? Dedans ? Seul ? En troupeau ? À quel moment a-t-il des contacts avec ses congénères ? Peut-être trouveras-tu un gros écart entre ses conditions de vie actuelles et celles "normales" pour son espèce. Ne t'inquiète pas. Tu verras, plus loin, qu'il existe plein de façons de trouver un meilleur compromis entre nos contraintes et leur bien-être :)

Tranche de tendresse...

Combien de partenaires dans une vie de cheval ?

On sous-estime souvent combien il est important, pour nos chevaux et poneys, d'avoir des **contacts entre eux**. Le manque de contact se traduit souvent par beaucoup de frustrations. Cela peut contribuer à rendre nos compagnons plus nerveux voire plus agressifs. Il faut dire que nous, si on nous mettait tout seul dans une salle, avec des copains dans la salle à coté, et interdiction de jouer avec, on serait peut-être aussi grincheux !

1 à 2 : C'est le nombre de **partenaires privilégiés** chez le cheval **au sein d'un groupe** normalement. Ça veut dire qu'ils ont souvent un seul meilleur ami...

C'est bien de le connaître pour les mettre au pré ensemble, ou dans des box adjacents où ils peuvent se toucher. Pour des chevaux en convalescence ou qui voyagent mal, être avec leur meilleur ami peut aussi les apaiser.

2 à 3 : C'est le nombre de **partenaires privilégiés** chez le cheval **tout au long de sa vie** en conditions naturelles. Autant dire qu'ils sont fidèles en amitié ! Une chose à avoir en tête quand on veut changer la composition des troupeaux...

Les chevaux ont une **très bonne reconnaissance et mémoire des individus**. C'est vrai entre eux. Des chevaux qui ont été séparés et qui se retrouvent, même après des années, se reconnaissent. Mais c'est vrai aussi avec les hommes. Une chercheuse, Sherril M. Stone[9], s'est amusée à présenter des photos de personnes à des chevaux. Ceux-ci devaient toucher la bonne photo pour recevoir une carotte. L'expérience a montré qu'ils reconnaissent parfaitement les personnes. Mieux : ils savent faire la différence entre des fausses jumelles ! Sacré œil de lynx !

Sais-tu avec qui ton cheval s'entend le mieux ? Prends une photo de son meilleur ami ou, encore mieux... de eux deux broutant côte à côte, dormant tête bêche ou se faisant des gratouilles !

Mes observations

Prends tes repères sur ce qu'est une vie de cheval

Expérience :

Les chercheurs ont montré que les chevaux ont une **reconnaissance multimodale des personnes**. Ça veut dire que, si tu montes toujours le même cheval par exemple, il te reconnaît physiquement, mais il reconnaît aussi ta voix et ton odeur.

Amuse-toi : Mets-toi à environ 2 mètres de ton cheval. Demande à un copain ou à une copine de se cacher derrière toi et d'appeler ton cheval (Ton cheval ne doit pas le voir ! Il doit croire que c'est toi qui l'appelles...). Observe ses réactions. Les chercheurs qui ont fait cette expérience ont observé que les chevaux regardaient davantage, comme surpris et intrigués que ce ne soit pas la voix habituelle...

LE SAVAIS-TU ?

On a souvent peur qu'en mettant des chevaux à plusieurs en paddock ou en stabulation, ils se blessent en jouant ensemble. Pourtant, à la base, **les chevaux sont faits pour vivre ensemble**. Et ils se blessent rarement entre eux car ils établissent des relations stables et apprennent à repérer les signaux de menaces sans attendre de se prendre un mauvais coup !

Les problèmes se posent surtout quand les chevaux n'ont plus l'habitude. Parfois ils ont été tellement frustrés de contacts qu'ils sont un peu tout-fous au début ! Il faut alors **organiser la transition**. Il est important de respecter certaines règles comme : bien observer au préalable les affinités naturelles, y aller progressivement, s'assurer de les mettre dans un espace suffisamment vaste pour qu'ils puissent s'éviter, et, idéalement, déférer au moins de l'arrière le temps de la transition ;)

Et les conflits, ça se passe comment ?

Y a-t-il un chef dans le troupeau ?

Non, il n'y a **pas de chef** à proprement parler. **Chez l'homme**, quand on parle de hiérarchie, on pense souvent à une hiérarchie pyramidale : A est le chef de B et C, qui sont les chefs de D, E et F. Donc **A est le chef de tous**. **Chez les chevaux, c'est différent.**

Des relations 2 à 2

La hiérarchie s'établit d'**individu à individu**. On parle de relation de dominance. A domine B. Mais ce n'est pas parce que A domine B et B domine C que A domine forcément C. Par exemple, dans mon troupeau, Crispino domine Eleen et Kohina. Eleen domine Anda et Kohina, mais Anda domine Crispino. En résumé, c'est un peu le bazar ! **On ne peut pas se contenter de chercher qui est le chef dans un groupe. On doit regarder la relation entre chacun !**

Une prise de décision collective

On a longtemps cru que c'était la vieille jument dominante qui prenait les décisions pour le troupeau, comme, par exemple, pour changer de lieu de pâturage. En fait, une étude récente montre que ce n'est pas systématique. C'est parfois elle, mais pas toujours. Il semblerait que ce rôle tourne et qu'il y ait une sorte de **concertation collective du groupe** avant les déplacements importants.

Des relations qui évoluent

Les relations de dominance sont assez stables. Mais elles peuvent changer, par exemple, quand un cheval est malade ou avec l'âge.

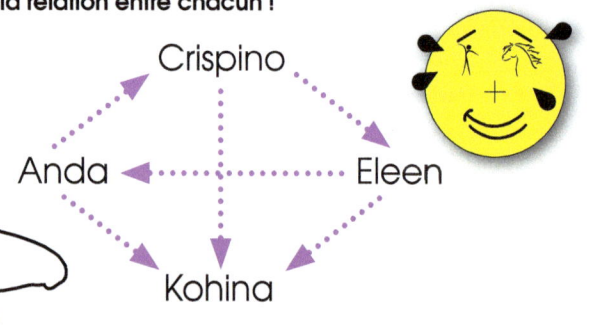

Qu'est-ce qui crée les conflits ?

L'accès aux juments pour les étalons
(ou hongres qui se prennent encore pour des étalons !)

L'accès aux ressources (eau, alimentation)
N.B.: tu vois qu'il est très facile de créer du conflit entre nos chevaux. Il suffit de concentrer tout le foin ou les carottes au même endroit. A l'inverse, si on répartit la nourriture et qu'on évite les moments de pénurie, on limite le risque de conflit.

Comment se règlent les conflits ?

Assez pacifiquement et rapidement en général. Entre chevaux qui se connaissent, une **simple menace** de morsure ou de coup de pied suffit, parfois un simple regard ou un léger mouvement de tête. Le dominé s'écarte. Le conflit est fini. **L'éloignement met fin au conflit.** Chacun retourne à ses activités.

A méditer

Si on met des chevaux dans un espace trop petit et qu'on crée une situation de concurrence (tas de carottes, par exemple), le dominé ne peut pas facilement s'écarter pour montrer au dominant qu'il a compris le message et faire cesser le conflit. C'est comme cela qu'on crée les conditions pour que les conflits dégénèrent !

Prends tes repères sur ce qu'est une vie de cheval

Amusant

Les chevaux forment de vraies **stratégies d'alliance**. Par exemple, Crispino et Anda s'allient souvent pour avoir accès aux carottes en premier. En effet, si Anda pousse Crispino. Elle se fait pousser par Eleen. Du coup, Crispino pousse Eleen. Anda vient à nouveau pousser Crispino. Et aini de suite ! Ça fait tourner manège et ça peut durer longtemps. Pour manger tranquille, Anda laisse Crispino manger avec elle. Et Eleen va bouder derrière !

LE SAVAIS-TU ?

Le cheval a un **instinct de fuite** très poussé. C'est lié à son statut de proie dans la nature. Quand il y a un danger, il fuit d'abord pour s'écarter du danger potentiel. Quand il se sent à une distance sûre, il s'arrête pour analyser s'il faut fuir plus loin ou si c'était une fausse alerte. Dans ces moments, quel que soit le cheval qui fuit en premier, **tous les membres du troupeau fuient. C'est un réflexe de survie.** La peur est contagieuse. Elle se transmet rapidement d'un cheval à l'autre.

A retenir : Cela fonctionne aussi dans la relation Homme-Cheval. Si tu as peur, ton cheval aura facilement peur. Mais si tu restes calme, tu aideras ton cheval à se calmer.

Observe, par exemple, au moment de la distribution de la nourriture ou à l'abreuvoir, qui pousse qui, qui mange ou boit avant qui. Reporte-toi à la partie 3 pour apprendre à décoder les expressions de menace de ton cheval. Tu peux aussi prendre en vidéo la scène pour pouvoir regarder image par image parce que ça va souvent vite sur le vif.

Petit zoom sur la vie en troupeau et dehors toute l'année

Clins d'œil sur la vie de cheval de plein air

La pluie, la neige : même pas peur !

En tant qu'homme, on se sent presque coupable de laisser nos chevaux dehors quand il pleut. Mais, il faut savoir qu'ils sont équipés pour. Leur sous-poil est fait pour évacuer l'eau et leur permettre de rester relativement au sec. Et **leur corps sait** très bien **combattre le froid et la pluie**.

Mais attention, il faut quand même réunir les **bonnes conditions** : ne pas les tondre sinon ils ne pourront pas faire le poil adapté, s'assurer qu'ils peuvent s'abriter du vent grâce à des abris ou à des haies naturelles. Il est aussi très important qu'ils aient accès à du fourrage sec en hiver. Ça leur donne de l'énergie de l'intérieur !

La boue, j'adore... me rouler dedans !

Au secours, un grizzly de boue !!! Et oui, c'est vrai, parfois nos chevaux au pré sont tout crottés. Mais il faut savoir que nos chevaux se roulent délibérément dans la boue, notamment l'hiver, car cela leur fournit une légère couche isolante contre le froid. Une sorte de **couverture naturelle**, quoi ! Allez, courage, une bonne brosse américaine et ton poney sera très vite tout beau !

Le réflexe de sentinelle : 1 pour tous et tous pour un !

Le troupeau, c'est bien pour les contacts sociaux mais ça sert aussi à se protéger. Par exemple, quand les chevaux dorment, il y en a toujours un qui reste debout pour surveiller. C'est la **sentinelle**. Une vrai solidarité de mousquetaire ces chevaux... enfin sauf quand il s'agit de se partager les carottes !!! Et toi, as-tu déjà observé ce comportement ?

Un km à pied, ça use, ça use, un km à pieds ça use les doigts de pied !

Tu connais peut être cette chanson classique de colonie de vacances. Tes parents la connaissent surement en tout cas. Et bien, ce n'est pas 1 km que font les chevaux par jour à l'état sauvage normalement, mais **15 à 20 km** en moyenne sur des sols divers et accidentés. Ce mouvement est important pour qu'ils restent en forme et aient de bons pieds.

Maman, être seul, ça me stresse !!!

Bah, oui quoi, **être séparé de mon troupeau, ce n'est pas naturel** pour moi. Dans la nature, j'aurais beaucoup plus de chance de me faire croquer.

Alors, même si je suis protégé en conditions domestiques, je n'ai pas perdu mon instinct. Je peux apprendre à partir seul en balade mais prends le temps de m'y habituer. Et laisse-moi 5 minutes, à chaque fois que tu me sépares de mes copains, pour faire redescendre mon stress !

Couverture or not couverture : that is THE question !

La question qu'on s'est tous posée un jour : **faut-il mettre une couverture à nos chevaux au pré quand il fait froid ?**

L'avez-vous remarqué, le cheval a su vivre depuis 65 millions d'années sans l'aide de nos couvertures d'humains. Donc il peut très bien s'en passer. En revanche, ça dépend, bien sûr, du travail qu'on leur fait faire, de leurs conditions d'hébergement et de leurs conditions de santé. Si on les laisse sans couverture, il ne faut, par exemple, à aucun moment les tondre, sinon on perturbe la **régulation naturelle** du poil. Si on les fait travailler plus intensivement qu'ils ne le feraient dans la nature, on peut alors les aider en leur mettant ¼h une couverture polaire séchante après le travail. Pas de réponse automatique donc mais une question de bon sens avant tout !

Prends tes repères sur ce qu'est une vie de cheval

LE SAVAIS-TU ?

La nature, ça conserve !

Quelle est la durée de vie des chevaux sauvages en moyenne comparée à celle de nos chevaux domestiques ?

Les chercheurs ont étudié la population des **mustangs sauvages***. Ceux-ci vivent, en moyenne, entre 30 et 40 ans. Bien plus que la plupart de nos chevaux domestiques dont **la durée de vie tourne autour de 15/20 ans**... moins de 15 ans si on en croit certaines études ! En cause : beaucoup les problèmes alimentaires, comme les coliques, et les contraintes qu'on leur impose : immobilité au box, fourrage limité, etc. Bien sûr, il y a heureusement des exceptions. Le cheval qui a vécu le plus vieux au monde - 62 ans !! - est un cheval domestique. Il y a des propriétaires qui ont la joie de vivre avec leur compagnon plus de 30 ans. Alors, ça vaut le coup de réfléchir sur des conditions de vie optimales pour nos amis !

* Les mustangs sont des chevaux de l'Ouest américain. Descendants des chevaux apportés pendant la colonisation espagnole des Amériques, ils sont retournés à l'état sauvage. Ils ont retrouvé leurs comportements et modes de vie naturels, ce qui les rend si intéressants à étudier.

Lance le concours photo du cheval le plus cracra. Chez moi, ça donne ça : couverture 100% pure boue mais attention, avec le décolleté chic ! -:)

Et si on résumait ?

L'environnement idéal du cheval en fait, c'est pas compliqué. Ça tient en 4 choses :

Discute avec les adultes qui s'occupent de ton cheval pour mieux connaître sa vie. Ne t'inquiète pas si c'est très différent de l'environnement idéal. Il ne s'agit pas de juger mais de savoir d'où on part pour commencer à réfléchir à ce qu'on pourrait améliorer !

Une alimentation en continu, riche en fibre

Quand j'ai l'estomac vide, je ne suis pas bien ! Et ça peut me rendre plus stressé, plus agressif. Une alimentation adaptée, c'est essentiel pour que je sois bien et prêt à partager des bons moments avec mes « humains » préférés !

A-t-il accès à l'herbe ? A défaut, a-t-il du fourrage à volonté au box ?
Ex : Est-il possible de s'organiser pour que le cheval ait ses 15 à 16h par jour de « pâturage », quitte à mettre le foin dans un filet à petite maille dans son box pour qu'il mange plus lentement ?

Combien de temps par jour reste-t-il l'estomac vide ?
Ex : Est-il possible de fractionner plus les repas ? De rajouter du fourrage pour la nuit ?

Des partenaires sociaux

Je ne suis pas fait pour vivre seul. J'aime avoir des contacts avec mes congénères. Et j'ai clairement des préférences. Je crée des relations à long terme. Pouvoir avoir ces contacts sociaux est important pour mon équilibre et que je sois bien dans ma tête.

Peut-il sentir, voir, toucher ses copains d'écurie ?
Ex : Y-a-t-il moyen de le mettre avec d'autres au pré ou au paddock ? De créer des ouvertures dans les parois de box ?

Peut-il exprimer ses préférences ? Son plus proche voisin est-il celui avec qui il s'entend le mieux ?
Ex : Les chevaux sont-ils placés dans l'écurie en fonction de leur arrivée ou de leurs affinités ? Sont-ils plutôt dans des groupes stables au pré ?

Du mouvement

Dans la nature, je suis constamment en mouvement. Je fais peu d'allures rapides (trot, galop) mais je me déplace constamment en broutant, pour aller boire, pour observer mon environnement. C'est important pour que je sois en bonne santé et décontracté.

Combien de temps par jour peut-il déambuler à son aise ?
Ex : Y-a-t-il moyen de lui laisser plus de temps libre au pré, au paddock, dans le manège ?

Même quand il est dans un espace restreint comme le box, est-il incité à se déplacer ?
Ex : Peut-on disposer le fourrage en plusieurs points du box, éloigner les points d'eau des points d'alimentation pour qu'il se déplace de l'un à l'autre, etc ?

De la diversité

Bah oui, quoi ! Je suis curieux. Je ne suis pas une mobylette qui reste inerte quand je suis « rangé » au box et se contente de faire ce qu'on me dit le reste du temps !

J'aime observer mon environnement, découvrir de nouvelles choses, explorer activement autour de moi. Et plus je découvre de choses, plus je gagne en confiance et aborde les nouvelles difficultés dans le calme.

A-t-il l'occasion d'explorer librement son environnement ? Est-il régulièrement exposé à la nouveauté ?
Ex : Peut-on, par moment, ajouter des objets intrigants dans le paddock : bâche au sol, bidon de couleur vive non cassant, etc.

Le travail est-il varié ?
Ex : Peut-on varier davantage les exercices à pied, montés, en extérieur, etc.

Prends tes repères sur ce qu'est une vie de cheval

Instant Cheval

Note les idées que tu aimerais tester, qu'il s'agisse de petites idées simples ou de grands projets du futur ! Inspire-toi de la boîte à idée.

Mon Plan d'Action :

Ex : Demain : Je fractionne différemment les repas ou j'augmente le foin.

D'ici 6 mois : Si on essayait de diminuer le grain et d'augmenter la quantité et la diversité des fourrages ?

Mon Plan d'Action :

Ex : Demain : Je sors ensemble les meilleurs copains au paddock.

D'ici 6 mois : J'essaye de faire sauter une cloison pour que les meilleurs copains puissent être ensemble ou je refais des stabulations collectives.

Mon Plan d'Action :

Ex : Demain : Je mets le foin en plusieurs tas dans son box.

D'ici 6 mois : On se dessine notre paddock paradise à nous !

Mon Plan d'Action :

Ex : Le mois prochain : J'ajoute un nouvel objet insolite dans sa pâture tous les trois jours. J'y vais progressivement, bien sûr, pour qu'il habitue doucement, et j'observe ses réactions pour ajuster !

Dans les 6 mois : Je commence à travailler un peu des exercices au sol.

Ta boîte à inspiration

Bien sûr, il y a l'idéal et ce qui est possible. Et il n'est pas possible de remettre tous les chevaux dehors, en troupeau, dans des immenses prairies. Même nous, on aimerait bien, parfois, avoir une plus grande chambre, plus de jouets, un grand jardin pour jouer au foot avec les copains, ou inviter plus souvent ses copines à des pyjamas party. Mais on fait avec ce qu'on a !

Pourtant, ça ne veut pas dire qu'on ne peut rien faire. Découvre, dans les prochaines pages, quelques expériences menées par des chercheurs ou d'autres passionnés de cheval comme toi, et essaye d'en imaginer d'autres toi-même !

Quelques facteurs de mieux-être démontrés par les scientifiques

Privilégier l'hébergement collectif sur l'hébergement individuel pour des chevaux plus zen ?

Les chevaux qui vivent seuls au box sont beaucoup plus stressés et difficiles à manipuler que ceux qui vivent en troupeau ou même en box par deux. C'est ce qu'a montré une équipe anglaise, K. Yarnell et al.[19], qui a comparé les comportements des chevaux dans différents types d'hébergement. D'autres études ont montré que le manque de contacts sociaux pouvait provoquer l'apparition de tics, comme le tic à l'ours, et rendre le cheval plus agressif sur le long terme. Alors, si on n'a pas les moyens de mettre ses chevaux en troupeau au pré, pourquoi ne pas réfléchir à des solutions de boxes collectifs ? Mais attention, comme pour nous, le choix des colocataires est important !

Diversifier l'alimentation pour améliorer la santé et le moral de nos chevaux ?

C'est prouvé ! Quand on met plusieurs types de fourrage à disposition, le cheval prend plus de temps pour manger que quand il y a un seul type de foin[17]. En effet, il retrouve son comportement naturel de pâturage en se déplaçant de l'un à l'autre. Il reste ainsi plus actif et répartit mieux sa consommation dans la journée. Que du mieux pour sa santé et son moral !

Par ailleurs, réintroduire de la **diversité alimentaire** est toujours bénéfique : les chevaux s'ennuient moins. Ils trouvent aussi plus facilement les minéraux dont ils ont besoin. A méditer pour les rations, mais aussi les récompenses alimentaires utilisées !

Bien répartir l'alimentation toute la journée pour des chevaux plus tranquilles et plus sociables ?

Et oui, il n'y a pas que la quantité de foin qui compte. *Quand* il est distribué compte aussi. Par exemple, dans un haras au Maroc, les poulinières étaient en box, la nuit, avec du foin ; en paddock collectif, le jour, sans foin. Des chercheurs français, H. Benhajali et al.[15], ont constaté que les juments étaient agressives les unes envers les autres. Quand ils ont rajouté du foin, le jour, dans des filets à foin accrochés tout autour du paddock, ils ont constaté que les juments étaient plus calmes et se remettaient à avoir de bonnes relations entre elles !

Prends tes repères sur ce qu'est une vie de cheval

A ton avis, comment les scientifiques font-ils pour savoir tout ça ?

Pfff, c'est du boulot pour savoir tout ça !

Ils mènent beaucoup d'observations et d'expériences. Mais pas n'importe comment. Pour être sûrs de leurs résultats, ils mettent en place **des protocoles d'expérimentation* très stricts**. Et ils répètent souvent les expériences pour pouvoir faire des statistiques et ne pas tirer de conclusions hâtives. Et comme il est très vite fait de se tromper, ils discutent beaucoup entre eux pour voir s'ils sont d'accord sur leurs interprétations.

Leurs résultats sont publiés dans des **articles scientifiques**. Ce sont eux que tu retrouves en bibliographie. Ils sont très durs à lire mais c'est parce que la science, ça ne s'improvise pas. Ça n'a rien à voir avec l'opinion ou même l'expérience de quelques-uns !

* Le protocole est la description précise des conditions et des étapes de l'expérience pour que celle-ci donne des résultats fiables.

Quelques astuces testées par les scientifiques

Rompre la monotonie de la journée en faisant appel à la curiosité naturelle du cheval ?

Il est prouvé que **les chevaux à qui on montre régulièrement des situations nouvelles abordent avec plus de calme les difficultés ensuite** (évidemment si l'apprentissage se fait dans de bonnes conditions !). Cela permet de construire la confiance mutuelle car tu apprends à mieux connaître les réactions de ton cheval et lui, à se reposer sur toi. Et, ça brise aussi la monotonie. Alors pourquoi ne pas varier plus le travail notamment en faisant, par exemple, plus d'exercices au sol et en liberté : marcher sur une bâche, passer sous un tuyau, etc.

De la musique pour aider à apaiser les chevaux stressés en écurie ?

Des chercheurs, Houpt et al.[18], se sont amusés à tester l'effet de la musique sur nos chevaux. Et bien, il semblerait qu'ils y soient effectivement sensibles. Notamment, la musique country et la musique classique auraient un effet apaisant sur eux ! A vos postes de radio !

Des miroirs pour aider à lutter contre la sensation d'isolement au box ou pendant les transports ?

Selon un chercheur anglais, D. Mills[16], l'utilisation de miroirs en acrylique (donc incassables) dans les boxes diminuerait l'expression de certains « vices d'écurie » comme le tic à l'ours. Dans l'expérience, certains chevaux connus pour tiquer à l'ours ont cessé ce comportement une fois un miroir fixé en face de leur box ! On ne sait pas si c'est lié au fait que le miroir copie le contact visuel avec un autre cheval ou juste au fait qu'il introduit une distraction. Mais en tout cas, ça a l'air de marcher !

Ta boîte à inspiration

Tu peux aussi **t'inspirer des solutions testées par d'autres** centres équestres, haras, etc. Note les idées que tu trouves sur Internet, dans la presse, sur les groupes de discussion Facebook, etc. Par exemple, tu peux te renseigner sur les paddocks paradise ou les écuries actives qui favorisent un nouveau type d'hébergement collectif. Mais attention, **conserve toujours ton esprit critique** !

	Décris l'exemple : Qui fait quoi ?	*Note en quoi l'idée te semble intéressante.*	*Renseigne-toi sur les résultats observés par ceux qui ont fait l'expérience.*
Exemple 1	Un haras de pur-sangs de course a collaboré avec une équipe de chercheurs de l'INRA[13]. Le personnel du Haras a mis en place, pendant 5 semaines avant une grande vente de yearlings (cheval âgé de un an), un ensemble d'enrichissements du mode de vie[14]. Les yearlings ont été : - Hébergés sur paille, en grands boxes individuels, 7 heures par jour, et le restant du temps en pré, en groupe, - Nourris trois fois par jour avec des granulés aromatisés, des fruits ou du foin, - Exposés, tous les jours, à des objets, des odeurs ou des musiques (Ex : bâche laissée au sol en pâture, etc.).	Les améliorations mises en place dans ce haras permettent au cheval de satisfaire ses besoins de vie en groupe et de mouvement. Ils stimulent aussi sa curiosité. N'oublie pas, dans la nature, le cheval passe beaucoup de temps à explorer son environnement pour trouver de la nourriture et à observer son environnement !	Le personnel a constaté que les yearlings étaient plus calmes et plus faciles à manipuler. Ils ont moins henni, ont fait moins d'écarts pendant la présentation.
Exemple 2	Un centre équestre située en Normandie, a conçu un couloir à foin. Les constructeurs de l'écurie ont laissé un couloir, entre les deux rangées de boxes, dans lequel les monitrices roulent des balles entières de foin enfermées dans des filets de corde[11].	Le cheval a accès à du foin à volonté. De quoi respecter son besoin naturel de manger 15 à 16 h par jour. Le filet à foin l'oblige à prendre brin par brin. De quoi freiner les gloutons ;) Et pour les monitrices, c'est beaucoup moins de manutention !	Le personnel a constaté que les chevaux s'ennuient moins, ont moins de tics et de coliques.
Exemple 3	De plus en plus d'écuries s'organisent en « Paddock paradise »[12] : Elles organisent leur terrain de façon à favoriser le mouvement. Pour cela, elles créent des pistes tout autour de leurs paddocks et de leurs installations. Elles incluent le plus possible de terrains et de sols variés (sous-bois, parties plus humides, talus, zone rocailleuse, etc.) Les points d'intérêt - eau, foin, pierre à sel, ère de roulade – sont placés loin les uns des autres.	Le cheval est incité à se déplacer continuellement. Ça stimule leurs pieds et les maintient en forme. Cette organisation permet d'avoir des chevaux en troupeau et actifs sur une surface de terrain relativement limitée.	Des chevaux équilibrés et robustes toute l'année ! Les chevaux sont plus calmes au travail car ils ne sont pas frustrés de mouvement. De meilleurs pieds.

Prends tes repères sur ce qu'est une vie de cheval

Exerce ton esprit critique ! Quelles sont les conditions pour que ça fonctionne ? Quelles sont les limites de l'expérience ? Comment pourrais-tu l'adapter ?

On n'est pas obligé – ou on ne peut pas toujours – mettre en place tous ces enrichissements. Dans cette expérience, on ne sait pas ce qui a eu le plus d'effet entre tous les enrichissements. On devine quand même que le temps passé au pré, la possibilité d'être avec ses congénères et le mode d'alimentation sont les choses les plus importantes. Mais, c'est intéressant de connaître les autres idées parce qu'on peut piocher dedans pour introduire de la nouveauté pour son cheval.

Bien sûr, ça ne résout pas tout. Notamment, les chevaux sont toujours très immobiles dans leur box. Mais c'est une bonne idée pour concilier fourrage à volonté et gestion pratique.

Et puis, tu peux surement trouver des idées à combiner avec ce couloir à foin pour compenser l'immobilité. Par ex : veiller à leur temps de sortie, mettre l'eau à l'autre bout du box, etc.

Evidemment, il faut quand même un peu d'espace... Et puis au départ, il y a un peu de travail de clôture et de stabilisation des sols sinon c'est boue à volonté l'hiver ! Mais rien que l'idée de mieux utiliser tout l'espace dont on dispose est une bonne idée.

Prends une feuille de papier et dessine avec tes amis ou ton moniteur le plan de club. Pouvez-vous encore mieux utiliser ce que vous avez ? Par ex, certains clubs lâchent les chevaux dans le terrain de cross ou le manège quand ils ne sont pas utilisés pour les cours. D'autres créent des pistes autour des paddocks ou encore revoient la répartition des points d'alimentation et d'eau pour inciter au déplacement.

À retenir !

Attention, il n'y a que ton cheval qui puisse te dire si ces améliorations lui apportent vraiment un mieux-être ou pas. Car ce que tu penses être mieux pour lui ne l'est pas forcément de son point de vue de cheval. Alors, prends le temps d'observer attentivement comment ton cheval réagit avant/après l'introduction de ces améliorations : A-t-il plus ou moins souvent les oreilles en arrière ? Est-il plus agressif ? Plus calme ? etc.

Instant Cheval

À toi de jouer !

41

Quizz

Combien le cheval mange-t-il d'espèces de plantes dans la nature ?

Une cinquantaine ! Et oui, on pense à l'herbe, mais le cheval est capable de manger plein de choses : des pousses d'arbustes, des baies, des plantes aquatiques, etc. Cela lui est même nécessaire pour avoir tous les nutriments dont il a besoin !

Ça donne à réfléchir sur la gestion des prés. C'est important de conserver ou de retrouver de la biodiversité* ! Par exemple, on peut replanter des arbres dans les paddocks, favoriser les haies naturelles, faucher les orties et les laisser sur place plutôt que de les traiter, etc.

A ton niveau, tu peux aussi faire en sorte d'ammener un peu de diversité dans le régime alimentaire de ton cheval. Par exemple, au lieu de toujours lui donner des carottes pour le récompenser, tu peux utiliser, à tour de rôle, les châtaignes à l'automne, des carrés de betteraves crues l'hiver, les fruits de saison l'été, et des radis et des amandes toute l'année !

* La biodiversité est la variété des plantes et des animaux qui coexistent normalement dans un même endroit. C'est ce qui fait la richesse du milieu.

Par exemple, Kohina adore les fleurs de chardon. Elle n'hésite pas à en manger les tiges, même parfois sur pied ! A croire que cela ne la pique pas !

Anda aime beaucoup l'herbe et le jonc, la menthe sauvage, ou encore les orties coupées (très bon pour les chevaux !).

Eleen, quant à elle, se délecte des feuilles d'arbres, mais aussi des mûres fin août, qu'elle cueille très délicatement sur les ronces avec ses lèvres, et des châtaignes à l'automne !

Prends tes repères sur ce qu'est une vie de cheval

Quand les chevaux broutent, mangent-ils sur place ou en se déplaçant ?

En se déplaçant au pas lent ! Et oui, c'est une particularité du cheval. Les scientifiques ont calculé qu'il fait en moyenne un pas toutes les 12 secondes quand il broute. De ce fait, les chevaux, dans la nature, sont presque toujours en mouvement !

Pense-y la prochaine fois que ton poney t'agace parce qu'il n'arrête pas de bouger quand tu l'emmènes brouter. Ce n'est pas pour t'embêter, c'est juste son comportement naturel !

Sachant qu'un cheval fait, en moyenne un pas toutes les 12 secondes quand il mange. Et qu'il mange environ 15 à 16 heures par jour. Combien de pas le cheval fait-il rien qu'en mangeant ?

Réponse : entre 4500 et 4800 pas. Et ça, c'est avant de commencer à compter ses « vrais déplacements » (plusieurs pas enchaînés au pas, au trot ou au galop) pour aller au point d'eau, sur un autre site de pâturage, se rapprocher de ses congénères, etc.

Partie 3

Apprends à comprendre ton cheval

*Comment les chevaux communiquent-ils entre eux ?
Apprends à "parler cheval" et tu comprendras mieux les signaux que ton cheval t'envoie !*

Mon cheval et son langage

Dis, cheval, comment tu « parles » ?

Essentiellement **avec mon corps** : les expressions de ma tête, mes mouvements, mes postures.

Eh, oui, contrairement à nous, le cheval utilise peu sa voix. Mais cela ne veut pas dire qu'il ne sait pas envoyer des messages très clairs à ses compagnons de pré – et à nous ! …

Pour cela, il utilise beaucoup ses oreilles et sa queue. Par exemple, pour dire à un de ses congénères : « Pousse-toi de là. », un cheval pourra s'avancer franchement vers lui en tendant l'encolure et en couchant les oreilles en arrière. Et l'autre, pourra lui répondre : « OK mais laisse-moi tranquille. » en tournant légèrement la tête vers lui tout en s'écartant et en fouaillant de la queue. Comme ci-dessous entre Crispino et Kohina.

Et les hennissements, ça sert à quoi ?

Le cheval communique peu avec sa voix. Mais, quand il se sert de sa voix, en général, c'est du sérieux ! Et chaque type de son est réservé à des situations bien particulières.

Ainsi, ce qu'on entend le plus souvent, c'est le hennissement. Le cheval hennit quand il est séparé de ses compagnons. C'est sa façon de les appeler et d'essayer de re-**rentrer en contact** avec eux. Car, il faut le rappeler, le cheval est un animal très sociable à la base. Il n'aime pas être séparé de ses camarades !

Parmi les autres sons que le cheval émet, il y a aussi quand le cheval souffle et ronfle (Il expire violemment l'air et fait vibrer ses naseaux.). C'est souvent associé à une posture d'**alerte** et indique le peur ou l'excitation. Si ton cheval fait cela, sois plus vigilant. Ses réactions peuvent être plus vives !

Et puis, il y a aussi quand il émet un son sourd et modulé. Parfois, on l'entend au moment de la distribution de la nourriture. C'est un appel de contact. Ça, c'est positif ! C'est normalement un son que le cheval émet envers un compagnon ou son poulain.

Apprends à comprendre ton cheval

Le cheval utilise-t-il d'autres sens pour communiquer ?

Les chevaux font souvent ce qu'on appelle le « flairage naso-nasal » quand ils se retrouvent : ils se sentent nez à nez. C'est une façon de se reconnaître. On pense aussi qu'ils échangent ainsi des informations sur comment chacun se sent via les molécules présentes dans les **odeurs**. Mais, honnêtement, on n'en sait pas beaucoup plus !

Le toilettage mutuel est aussi une façon, entre chevaux, de se montrer leur amitié. Même si le cheval n'est pas une espèce très tactile, contrairement aux chats et aux chiens par exemple, leur permettre d'avoir des **contacts** reste important pour leur équilibre affectif.

Qui l'eût cru ?

Le cheval est un animal vraiment **très expressif**. Une équipe de chercheurs anglais[20] a montré qu'il utilise une grande richesse de mimiques, un peu moins que les hommes mais plus que le chien ou le chimpanzé ! En plus, le cheval et l'homme auraient pas mal d'expressions communes comme, par exemple, l'augmentation du blanc des yeux en situation d'angoisse, la lèvre inférieure relâchée comme signe d'endormissement, ou encore… le clin d'œil !

Le chiffre qui tue !

1 kilomètre : c'est la distance à laquelle s'entend le hennissement du cheval. Tu te rends compte ! C'est comme si tu pouvais appeler un copain ou une copine à un kilomètre de distance, soit l'équivalent de 8 à 10 stades de foot !!

INSOLITE ! Nous aussi, nous nous servons des odeurs pour communiquer. Pas intentionnellement, mais notamment, quand on tombe amoureux, il semblerait qu'on soit, sans s'en rendre compte, attiré par les phéromones de notre amoureux. Les phéromones sont des molécules véhiculées dans les odeurs. On les appelle même les molécules de l'amour !!! Alors, va savoir quelles informations les chevaux s'échangent quand ils se sentent…

À retenir !

Le cheval utilise essentiellement son corps pour s'exprimer : orientation des oreilles, mouvements de queue, mouvements d'encolure, etc. C'est un animal très expressif quand on sait l'observer ! Entraîne-toi car c'est aussi ce qui te permettra de décoder les messages qu'il t'envoie, positifs comme négatifs !

Comment peut-on savoir comment un cheval se sent ?

Mon cheval est-il frustré ? Stressé ? Excité ? Détendu ?

Il n'y a pas que ses **expressions faciales** qui nous renseignent. La **façon dont il se tient** ou se déplace et ses **comportements** nous donnent pleins d'indices... à condition de savoir les observer !

Mais pour cela, il faut commencer par se familiariser avec comment le cheval se comporte « normalement ». Par exemple, comment se tient-il quand il broute ? Comment se tient-il quand il observe son environnement ? Etc. De là, tu peux exercer ton œil pour voir, par exemple, quand il est plus excité que d'habitude ou que quelque chose ne va pas...

Rendez-vous au cahier d'exercice pour prendre tes repères ! Mais déjà, ci-dessous, apprends quels indices regarder dans le comportement de ton cheval.

Comment savoir si mon cheval est EXCITÉ ?

1er indice : la queue en panache ! C'est une signe de grande excitation chez les chevaux.

2ème indice : Une agitation inhabituelle. Sur cette photo, Eleen galope, Crispino fait des sauts de mouton partout... C'est sûr, il y a de l'excitation dans l'air. Normal, je viens de leur ouvrir un nouveau pré !

Comment savoir si mon cheval a du PLAISIR ?

1er indice : Sur la première photo, Eleen porte tout son poids du corps vers ma main. C'est qu'elle apprécie le contact !

2ème indice : Son expression: elle a les yeux mi-clos, la lèvre inférieure relâchée. Elle savoure le moment ! Parfois aussi, ils cherchent à rendre les gratouilles, comme ils le font dans le toilettage mutuel, en bougeant leur lèvre supérieure. En plus d'être un signe de plaisir, c'est un signe de confiance !

Apprends à comprendre ton cheval

Aiguise ton regard critique

Pas toujours facile de savoir comment interpréter un comportement ou une attitude. Il faut parfois **combiner plusieurs indices**. Par ex : si ton cheval s'agite plus que d'habitude, ça peut être le signe soit qu'il est excité, soit qu'il a peur. Pour confirmer ton diagnostic, regarde la position de sa queue !

- En l'air : il est excité.
- Plaquée contre la croupe : il a peur ou est stressé.

Il faut donc bien tout regarder. Mais rassure-toi, une fois qu'on a l'habitude, ça devient automatique !

Attention aux idées reçues !

Tu as peut-être déjà entendu : « Oh, il mâchouille, c'est qu'il se détend ! ». C'est ce que l'on a longtemps cru, mais les scientifiques ont montré que le cheval mâchouille plutôt quand il est frustré. Ce n'est donc pas forcément très positif...

De même, quand un cheval fait son crottin dans une situation qui peut être stressante pour lui (séparation d'avec ses copains, transport, etc), c'est qu'il est... effectivement stressé ! Pas du tout que tout va bien pour lui...

Comment savoir si mon cheval est DÉTENDU ?

1ᵉʳ indice : Son encolure est plutôt basse. Quand l'encolure fait un angle de plus de 45° avec l'horizontal, c'est en général, le signe que le cheval est en vigilance !

2ᵉᵐᵉ indice : Il se déplace sans à-coup, ni précipitation, et est plutôt en déplacement lent.

3ᵉᵐᵉ indice : Sa queue est en tension normale, ni en panache, ni plaquée sur les fesses.

À retenir !

Il faut connaître les grands indices qui te permettront de savoir comment ton cheval se sent. Mais attention, ils peuvent être plus ou moins faciles à voir en fonction des chevaux. Par exemple, certains, notamment les pur-sang arabes, mettent la queue très en panache. D'autres la soulèvent juste plus que d'habitude quand ils sont excités. À toi de prendre tes repères avec ton cheval !

Comment peut-on savoir comment un cheval se sent ?

Comment savoir si mon cheval a MAL ?

1er indice : Il garde les oreilles plaquées en arrière. Ce n'est pas juste le temps d'une menace. C'est vraiment qu'il a un truc de fond qui ne va pas.

2ème indice : Tous ses muscles autour de sa mâchoire et au dessus de ses yeux sont contractés comme toi quand tu sers les dents et fronce les sourcils de douleur.

3ème indice : Tu ne peux pas le voir là mais il ne mange pas, est très agressif. Le changement de comportement peut alerter sur le fait que le cheval a une douleur ou est malade.

Comment savoir si mon cheval se MÉFIE ?

1er indice : Il s'écarte, refuse le contact, recule… En fait, il fait tout pour rester à une distance à laquelle il se sent en sécurité.

2ème indice : Il détourne la tête mais en continuant à regarder fixement l'objet, plaque sa queue sur sa croupe, avance prudemment vers l'objet tout en se tenant prêt à fuir… La défiance est l'étape juste avant la peur. Dans ce moment là, ton attitude est déterminante pour rassurer ton cheval, et éviter ainsi qu'il ne cède à la peur.

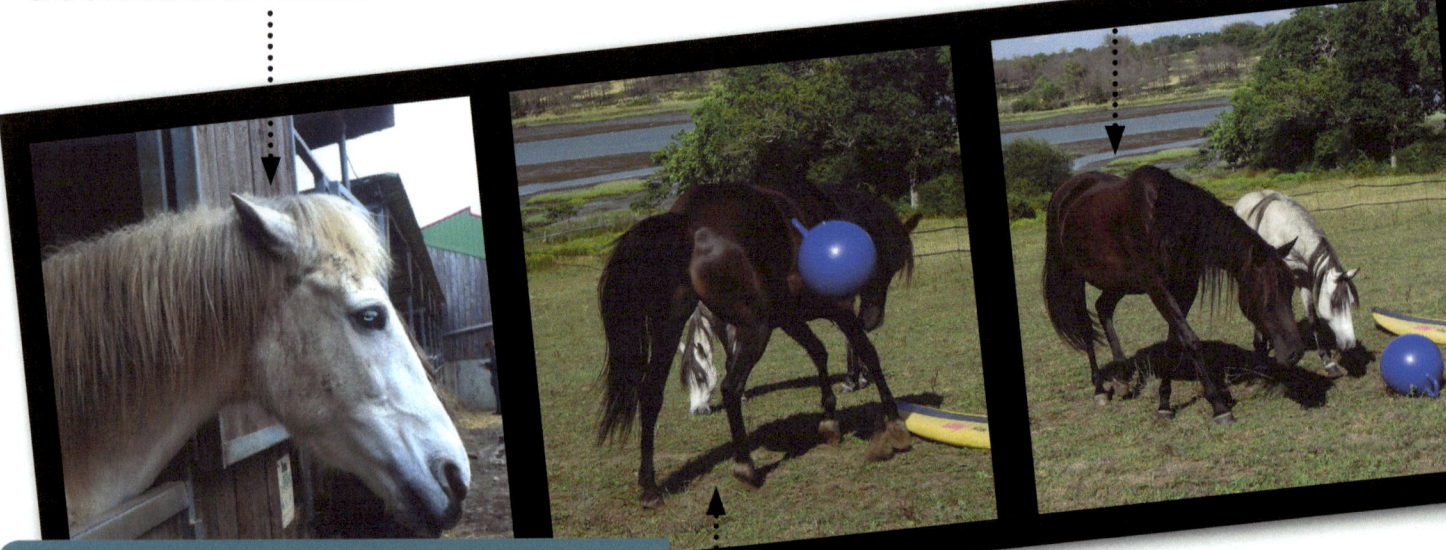

Comment savoir si mon cheval a PEUR ?

1er indice : Il fuit ou cherche à fuir ! Dans la nature, c'est sa première réaction.

2ème indice : Il change d'expression. Notamment, il peut écarquiller les yeux et dilater fortement les naseaux, voire souffler bruyamment. Et s'il ne peut pas fuir comme on lui interdit souvent ? Il va adopter des comportements de remplacement : Certains vont se cabrer, tirer sur la longe pour s'échapper. D'autres vont se plaquer contre le fond de leur box, plaquer leur queue sur leur croupe, voire, se mettre à trembler. D'autres encore peuvent devenir agressifs pour réussir à s'écarter de la chose qui leur fait peur.

Comment savoir si mon cheval est FRUSTRÉ ou pas bien dans ses sabots ?

1er indice : Comme pour la maladie, tout changement de comportement ou de tempérament doit te faire t'interroger.

2ème indice : L'apparition de tics d'écurie est souvent signe de frustration ou de mal-être chez le cheval. Par ex : Le cheval tique à l'appui (prend appui sur une porte et avale de l'air), tique à l'ours (se balance sur ses antérieurs), etc.

Apprends à comprendre ton cheval

LE SAVAIS-TU ?

Les chevaux peuvent faire de **vraies dépressions**, comme les hommes ! La dépression, c'est un trouble qui influence la façon dont une personne se sent, pense et agit. Souvent, les personnes en dépression se coupent du monde. Elles n'ont plus envie de rien. Elles deviennent aussi plus irritables et imprévisibles. Et bien, placés dans des conditions qui ne leur conviennent pas, **les chevaux aussi peuvent développer ce trouble.**

Une équipe de chercheurs français[21] a trouvé que les chevaux dépressifs adoptent souvent une **posture anormalement figée** : Le cheval se tient immobile. Sa nuque, son encolure et son dos forment une droite. Il a les yeux ouverts mais fixes. Les oreilles sont fixes aussi. Il réagit très peu, ne s'intéresse plus à ce qui se passe autour. C'est triste. Et puis, ça peut être dangereux car, comme chez les hommes, **les chevaux dépressifs supportent mal les situations de stress.** Face à une situation inconnue, un papier qui s'envole, un spectateur qui ouvre un parapluie, **ses réactions de peur seront encore plus violentes !**

À retenir !

Il arrive que nous participions - sans en avoir conscience la plupart du temps ! - à créer des conditions responsables de la peur ou de la frustration de nos compagnons. Heureusement, si nous faisons partie du problème, nous faisons aussi partie de la solution ! Parfois des petits changements dans la façon dont nous les nourrissons, les travaillons, etc. peut changer beaucoup.

Cahier d'exercices

Affûte ton sens de l'observation !

Tel un vrai éthologue, entraîne ton œil. Plus on passe de temps à observer les comportements et les postures de nos amis à quatre sabots, mieux on comprend ce qu'ils expriment !

Les oreilles

Prends l'habitude de regarder attentivement les oreilles :

- Sont-elles fixement pointées vers l'avant ? Mobiles (elles passent de l'avant au coté, voire à l'arrière) ? Orientées vers l'arrière ?
- Si elles sont vers l'arrière, sont-elles seulement dirigées vers l'arrière ou plaquées sous la ligne de l'encolure ?

L'attitude

Prends aussi en compte son attitude générale :

- Comment le cheval tient-il son encolure ? Plutôt basse, plutôt haute, très haute (plus de 45° au-dessus de l'horizontale) ?
- A-t-il les 4 pieds bien au sol ou est-il au repos sur l'un d'eux ? Se tient-il immobile ou en mouvement ? Etc.

Apprends à comprendre ton cheval

La queue

Surveille la queue.

- Quelle est la position de la base de la queue ?
- Le cheval se sert-il de sa queue pour fouetter l'air ? (fouaillement)

Cahier d'exercices

Apprends à interpréter les oreilles, pose-toi deux questions :

Première question :

Les oreilles sont-elles fixement pointées vers l'avant ? Mobiles (elles passent de l'avant au coté, voire à l'arrière) ? Orientées vers l'arrière ?

"Je vaque à mes occupations.
Je reste attentif à ce qui se passe autour de moi mais sans avoir peur ou être sur le qui-vive."

"Je suis attentif.
Mon attention est pleinement tournée vers ce que je regarde."

54

Apprends à comprendre ton cheval

Deuxième question :

Si les oreilles sont vers l'arrière, sont-elles seulement dirigées vers l'arrière ou plaquées sous la ligne de l'encolure ?

"Il y a plein de fois où je tourne mes oreilles vers l'arrière, même dans des activités positives comme ici, lors d'un toilettage mutuel. Ça peut être juste pour écouter ce qui se passe derrière ou parce que je fais un effort. Mais attention, dès que je les couche sur l'encolure, c'est une menace. Et plus elles sont plaquées en dessous de la ligne de mon encolure, plus la menace est sérieuse !!! Si tu ne réagis pas, je peux mordre ou taper !"

À retenir !

Attention à ne pas confondre oreilles tournées en arrière et oreilles couchées en arrière ! Dans un cas, ton poney est attentif à ce qui se passe derrière. Dans l'autre, il t'envoie un message très clair de menace. Si tu as un doute entre les deux, aide-toi des autres indices. Pince-t-il les naseaux ? Contracte-t-il la bouche ? Fait-il mine de montrer ses fesses ? Dans ce cas, pas de doute, il y a de la menace dans l'air. Maintenant à toi de comprendre contre qui et pourquoi !

Cahier d'exercices

Apprends à interpréter la queue, pose-toi trois questions :

Première question :
Quelle est la hauteur de la queue ?

Deuxième question :
Le cheval a-t-il la queue détendue ou plaquée contre la croupe ?

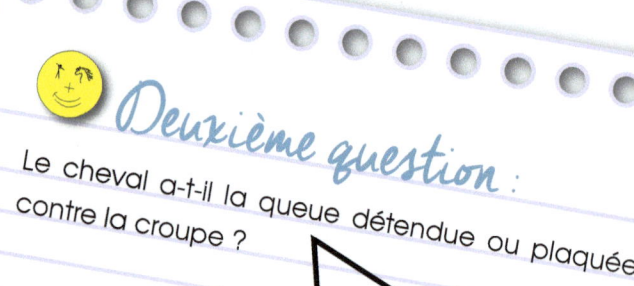

"Je suis au repos ou en train de manger. Ma queue est détendue."

"Je suis TRÈS excité. J'ai la queue nettement plus soulevée que d'habitude ! Attention, ça risque de déménager ! (Globalement, plus ma queue est soulevée, plus je suis excité.)"

"Je suis active mais sans excitation ou peur particulière. Ma queue est en tension modérée."

Apprends à comprendre ton cheval

Troisième question :
Le cheval se sert-il de sa queue pour fouetter l'air ? (On dit qu'il « fouaille ».)

"Attention, là ma queue n'est pas détendue. Elle est carrément rentrée entre mes jambes ! C'est signe que je me méfie. J'ai peur ou je ne suis pas encore en confiance. (Ici, je fais connaissance avec Eleen. Ça se passe bien mais on ne sait jamais !)"

"Je fouaille avec ma queue pour chasser les insectes. Mais aussi parfois pour dire "Tu m'agaces !" ou "Screugneugneu de screugneugneu je suis contrarié, frustré, etc. !"."

À retenir !

Mon cheval est-il excité, agacé, apeuré ? La queue t'aide à mieux comprendre dans quel état est ton cheval. Mais attention, un même mouvement de queue peut avoir plusieurs sens en fonction du contexte. Par ex : si ton cheval est au milieu de la carrière, les yeux mi-clos, en position repos, et fouaille de la queue, ce n'est pas grave, il chasse des insectes. Mais s'il fouaille de la queue à chaque réception d'obstacle, il te dit peut être que quelque chose lui fait mal ou l'énerve !

Cahier d'exercices

Apprends à reconnaître les principales postures du cheval. En voici trois grands ensembles :

Postures d'activités liées au repos :

Repos debout

Repos couché latéral

Repos couché sternal

Postures d'activités calmes :

Broute

Observe son environnement

Se roule, se gratte etc. (activités de "maintenance")

58

Apprends à comprendre ton cheval

Postures d'activités agitées :

Déplacement rapide : trot, galop.

Posture de vigilance/alerte.

Déplacement lent : marche vers un autre cheval ou une autre zone d'herbe.

Conflit

À retenir !

Si tu dois approcher un cheval au pré, adapte ton comportement en fonction de ce qu'il est en train de faire. Par ex : s'il dort, commence par l'appeler doucement pour qu'il ne soit pas surpris par ta présence. S'il est agité, attends un peu qu'il se calme. Puis approche-toi franchement mais calmement. Montre-toi le plus rassurant possible tout en restant sur tes gardes quand-même !

Cahier d'exercices

Quelques postures à savoir différencier

Mon cheval est-il couché ou malade ?

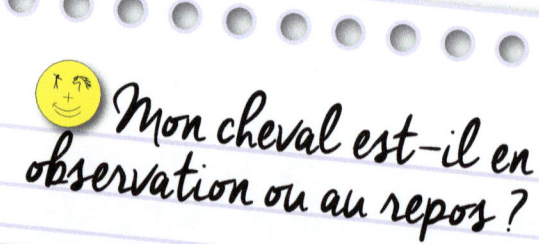

Mon cheval est-il en observation ou au repos ?

Les chevaux se couchent pour dormir quelques heures par jour. Mais ce peut aussi être **le signe d'une maladie** – colique, fourbure, etc. Pour savoir, pose-toi les questions suivantes :

• **Le cheval a-t-il les yeux fermés ou ouverts ?** Les yeux fermés, il est en train de faire de beaux rêves. Laisse-le. Les yeux ouverts, poursuis ton questionnement.

• **Le cheval regarde-t-il avec insistance ses flancs ou semble-t-il décontracté ?** Dans le premier cas, ce peut être le signe d'une colique. Demande-lui de se lever pour voir son comportement.

• **Le cheval accepte-t-il de se lever ?** Un cheval en bonne santé qui était au repos se lèvera en général spontanément à ton approche (ou sans grande difficulté dès que tu lui demandes). Dans le cas contraire, cela mérite d'aller chercher une personne compétente : soigneur, vétérinaire, …

• **Dernier indice : Le cheval est-il couché seul à l'écart ?** En général, les chevaux en troupeau synchronisent leur repos et restent groupés à ce moment. Quand un cheval est isolé, cela mérite d'aller vérifier.

Comment savoir si mon cheval se repose debout ou est en train d'observer son environnement ? Ce n'est parfois **pas si simple à distinguer**. Familiarise-toi avec les caractéristiques du cheval au repos debout et en observation. Cela t'évitera, par exemple, de surprendre le cheval s'il dormait et de provoquer une réaction de fuite soudaine de sa part.

Cheval au repos debout :
- Immobile
- A souvent un pied légèrement soulevé
- A l'encolure légèrement au dessus de l'horizontale
- Yeux mi-clos
- Oreilles de côté.

Cheval en observation :
• A l'encolure au dessus de l'horizontale sans être très haute (angle de 0-45° par rapport au sol)
• Balaye du regard l'environnement et bouge l'encolure dans la direction regardée
• A les oreilles mobiles.

Apprends à comprendre ton cheval

Mon cheval est-il en observation ou en vigilance ?

Comment savoir si mon cheval est en train d'observer son environnement ou est en vigilance (sur ses gardes) ? Savoir différencier les deux est très important car **un cheval en vigilance est prêt à fuir au moindre signal** ! Familiarise-toi avec les caractéristiques du cheval en observation et en vigilance :

Cheval en observation :
- A l'encolure au-dessus de l'horizontale sans être exagérément haute (angle encolure/sol compris entre 0-45°)
- Balaye du regard l'environnement et bouge l'encolure dans la direction regardée
- A les oreilles mobiles.

Cheval en vigilance :
- Encolure très haute (angle encolure/sol au-dessus de 45°)
- Regard fixe
- Oreilles pointées vers l'avant et fixes, corps et encolure immobiles,
- Naseaux dilatés, rythme respiratoire plus rapide
- Grande tonicité musculaire et queue relevée.

Récapitule les bons réflexes dans chacune de ces situations

Cheval couché/au repos : Je le préviens de mon arrivée. Je lui laisse le temps de se réveiller !

Cheval en vigilance : Je suis extrêmement prudent. Il peut fuir brusquement ou faire un écart. Je me place à distance de sécurité et de sorte à ne pas être bousculé s'il fuit.
Je reste calme moi-même et je le rassure. C'est très important car sinon ta peur va renforcer la sienne. Il va penser que, puisque tu as peur, il a raison d'avoir peur. C'est le phénomène de contagion émotionnelle qui fait que, dans la nature, si un cheval fuit, tout le troupeau fuit.

Cheval en observation : Si je le peux, je le laisse observer et j'essaye de voir ce qu'il observe. C'est une bonne occasion de se familiariser avec son monde. Je reste attentif. S'il relève brusquement la tête, ça peut être le signe qu'il passe en vigilance !

Cahier d'exercices

Tu veux aller plus loin ?

Deux chercheurs en éthologie, G. H. Waring et G.S. Dark[22], ont recensé les différentes attitudes que prend le cheval en fonction de ses humeurs et de ses activités. Et il y en a plein !

Et pour cause, il est rare, par exemple, qu'un cheval agresse soudainement un autre cheval. En général, il y a toujours eu des signaux avant. Par exemple, quand un cheval veut dire à un autre de bouger, il commence par tourner la tête vers lui en couchant les oreilles. S'il ne bouge pas, il va faire une « menace de morsure », c'est à dire tendre la tête vers lui en plaquant ses oreilles sur sa nuque et en entrouvrant la bouche comme s'il allait mordre. Si l'autre l'ignore ces avertissements progressifs, là, il peut mordre pour de vrai … Observe la progressivité des expressions ci-dessous et amuse-toi à relier les points des séquences avec des crayons de diverses couleurs.

Expressions d'agressivité

Séquence 0-1-2-3-4 : Cheval « avertissant » progressivement qu'il va mordre…

Séquence 0-1-2-3-5 : Cheval qui pousse ou disperse ses congénères.

Séquence 0-6-7-8-9 : Etalon cherchant à « intimider » un autre mâle… ou qui vous défie !

Séquence 0-6-10-14 : Expression d'opposition forte, possiblement suivie d'agression, aussi visible pendant les combats d'étalons.

Séquence 0-10-11 : Cheval prêt à taper.

Séquence 0-10-11-12-13 : Cheval prêt à se cabrer, à taper des antérieurs, qui cherche à éviter un coup, par exemple, ou à se libérer d'une contrainte.

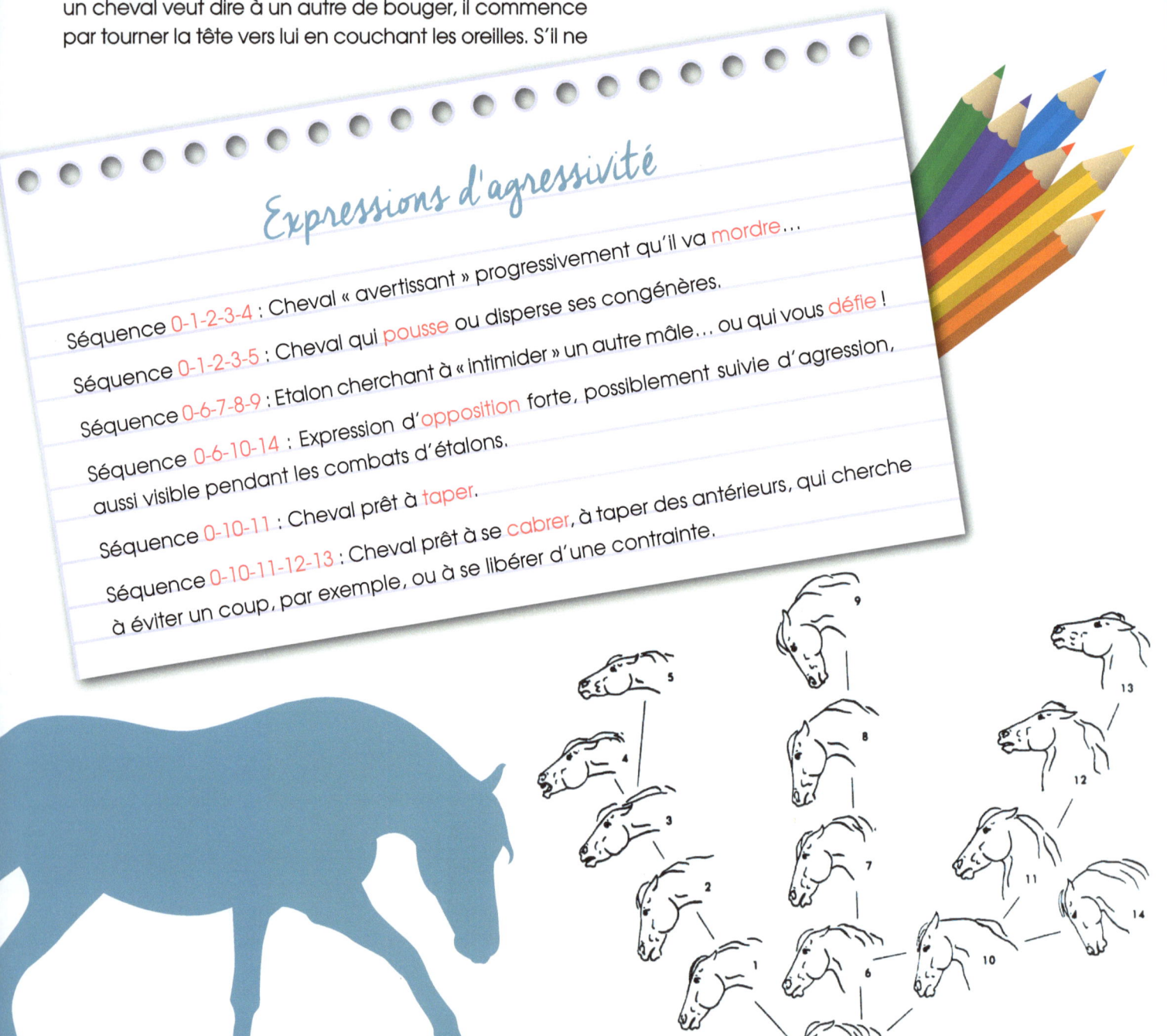

Apprends à comprendre ton cheval

"Expressions" de queue

Séquence 0 : Cheval au repos, relaxé.

Séquence 1-2-3-5 : Cheval qui passe progressivement du pas au galop ou saute à l'obstacle de façon décontractée.

Séquence 1-2-6-8-9 : Cheval qui chasse les insectes ou avertit qu'il va taper, s'opposer, reculer.

Séquence 1-2-6-10-11-12 : Cheval qui est de plus en plus excité.

Séquence 0-13-14-15 : Cheval qui est inquiet ou peu à l'aise avec son cavalier.

Séquence 0-16-17 : Cheval qui a peur, est très soumis, ou manifeste une douleur prolongée.

À retenir ! Le principe de l'escalade

Le cheval prévient en général avant de mordre par exemple. C'est vrai que les signaux sont souvent subtils et que l'enchaînement peut aller très vite. Mais apprendre à repérer ces signes avant-coureurs permet souvent d'éviter le pire, y compris dans nos propres interactions avec nos chevaux ! Aide-toi de ces dessins pour continuer à exercer ton œil. Et, pourquoi pas, enrichis-le des photos de ton cheval dans tous ses états !

Crée ton propre répertoire photo !

Kohina : Broute

Kohina : Observe son environnement

Crispino : Galope

Apprends à comprendre ton cheval

Instant Cheval

Toi aussi, constitue ton album photo de référence. Essaye de prendre une photo de ton cheval dans ses différents états : au repos, calme, excité, agacé par ses copains ;)

Tu peux t'amuser à mettre plein de filtres marrants à tes photos.

L'important est de bien voir sa silhouette. C'est souvent ce qui donne le plus d'indications !

Anda : Explore son environnement en flairant

65

Et au fait, ça sert à quoi de savoir communiquer comme cela ?

... Piquer toutes les carottes ;))

> Eh, vous me donnez des carottes ?

> Tu rêves ma vieille !

> Ah non, c'est trop bon !

Apprends à comprendre ton cheval

... Gérer les priorités quand tout le monde arrive à fond pour la nouvelle ouverture de pâture !!!

Attention, j'arrive !!!!

Oh, c'est bon. Je t'ai vue, pas besoin de me foncer dedans !

Ouf, ça passe. Allez, maintenant on fonce !

Yaaaah. Je t'aurai au sprint, ma vieille. 1er arrivé, 1er servi !

Et au fait, ça sert à quoi de savoir communiquer comme cela ?

... Indiquer où se faire gratter le dos et dire quand on en a assez ! ;))

The End…

**Vous avez aimé ce livre ?
Parlez-en autour de vous :)**
et retrouvez les vidéos Instant Cheval sur la chaîne YouTube.

A bientôt !

Bibliographie expliquée

Sais-tu ce qu'est une bibliographie ?

C'est **l'ensemble des livres, articles, documents de référence** qui ont servi à l'auteur pour composer son livre. La bibliographie permet de vérifier le sérieux de l'auteur : D'où tient-il ses connaissances ? A-t-il vérifié ses informations auprès de plusieurs sources ?

La bibliographie te permet aussi de **savoir où chercher** si tu veux en apprendre plus sur le sujet.

L'essentiel de ce livre est tiré des savoirs scientifiques sur l'éthologie du Cheval. J'y ai eu accès en suivant le diplôme universitaire Ethologie du Cheval. C'est une formation dispensée par l'université de Rennes 1. Les « professeurs » sont des chercheurs qui travaillent pour les grands organismes de recherche français tels que le CNRS ou l'INRA. Tu peux trouver les références de certains de leurs articles dans les notes. Mais il s'agit d'articles en anglais et très techniques, pas vraiment faits pour être lus par des non-scientifiques.

Si tu veux continuer à te documenter sur le cheval, tu peux aussi chercher des informations auprès des personnes qui ont suivi ce type de formation et cherchent à transmettre ces informations de façon simple (mais pas simpliste !).

Par exemple,

- **L'Institut Français du Cheval et de l'Equitation (IFCE)** travaille beaucoup sur la diffusion des connaissances. Il publie notamment une très bonne lettre d'information « Avoir un cheval ».

Tu peux consulter tous les articles sur http://www.ifce.fr/newsletters/avoir-un-cheval/. Ils traitent de plein de sujets comme Comprendre le comportement social du cheval, les principes de l'apprentissage, ou l'utilisation de filets à foin et leur impact sur le bien-être des chevaux. Certains scientifiques, cités dans ce livre, publient des articles de vulgarisation dans cette lettre. C'est le cas de **Léa Lansade** par exemple.

- Ensuite, tu peux trouver des auteurs, comme **Hélène Roche**, qui se sont formés à l'éthologie scientifique et font le pont entre ces savoirs et ta pratique ! Hélène Roche a, par exemple, écrit **Comportements et postures aux éditions Belin en 2008** qui peut être un approfondissement pour comprendre le langage corporel de ton cheval.

- Certains journalistes également, comme **Christa Lesté-Lasserre**, sont spécialisés dans la vulgarisation des articles scientifiques (Cela veut dire qu'elle les écrit de façon à rendre ces derniers compréhensibles par le commun des mortels !! Simplifier tout en restant fidèle à l'article d'origine, c'est très dur mais nécessaire pour transmettre les connaissances sans perdre les nuances.). Tu peux trouver leurs articles en ligne sur des sites comme the-horse.com ... mais c'est souvent aussi en anglais !

- Enfin, certains particuliers passionnés participent à ce transfert de connaissance. Par exemple, **l'Association Alter Equus** écrit régulièrement des articles courts et pratiques mais fondés, pour la plupart, sur des recherches scientifiques. Tu peux aller fouiller en ligne sur http://alter-equus.org, onglet **Publications**. Devant ces articles, vérifie cependant toujours bien si l'article est un « billet d'humeur » personnel ou s'il s'appuie sur des recherches sérieuses. Tu peux le voir notamment en vérifiant à la fin de l'article sa… bibliographie !

Alors maintenant, Bonnes recherches !

Notes

1 **Selection and acceptance of flavours in concentrate diets for stabled horses**, D. Goodwin, H.P.B. Davidson, P. Harris, Applied Animal Behaviour Science, Volume 95, Issues 3–4, December 2005, Pages 223-232

2 **Sucrose Bobs and Quinine Gapes: Horse (Equus caballus) responses to taste support phylogenetic similarity in taste reactivity**, Emilyne S. Jankunis, Ian Q. Whishaw, Behavioural Brain Research, Volume 256, 1 November 2013, Pages 284–290 et un article de vulgarisation écrit sur cette étude scientifique : **Horses' Facial Expressions Reflect Taste Preferences**, Christa Lesté-Lasserre, Feb 19, 2014, www.thehorse.com

3 **La digestion**, ENESAD, P. Guérin, M. Le Verger, J. Mos, L. Marnay, Janvier 2011, http://www.haras-nationaux.fr/information/accueil-equipaedia/alimentation/comprendre-la-nutrition/la-digestion.html

4 **Maintenance behaviors**, Houpt KA, In The domestic horse. The evolution, development and management of its behaviour, edited by Mills DS, McDonnell S, éd. Cambridge University Press, 2005

5 **EGUS : what role does nutrition play?**, PAT HARRIS, NANNA LUTHERSSON, TIM PARKIN, Veterinary Times, n° 11, 23/03/2009,

6 **Food and Feeding Behaviour of Cattle and Ponies in the New Forest, Hampshire**, Putman, R. J. et al., Journal of Applied Ecology 24.2, 1987, p369–380.

7 **Foraging enrichment for individually housed horses: Practicality and effects on behaviour**, J.B. Thorne, D. Goodwin, M.J. Kennedy, H.P.B. Davidson, P. Harris, Applied Animal Behaviour Science 94, 2005, p 149–164

8 **The Way to a Man's Heart Is through His Stomach: What about Horses ?**, Carol Sankey, Séverine Henry1, Aleksandra Gorecka-Bruzda, Marie-Annick Richard-Yris, Martine Hausberger, novembre 2010, http://journals.plos.org/plosone/article?id=10.1371/journal.pone.0015446

9 **Human facial discrimination in horses: can they tell us apart ?**, Sherril M. Stone, Animal Cognition January 2010, Volume 13, Issue 1, pp 51-61

10 **Cross-modal recognition of human individuals in domestic horses (Equus caballus)**, Jessica Frances Lampe, Jeffrey Andre, Animal Cognition, July 2012, Volume 15, Issue 4, pp 623-630

11 **Hautot-sur-Mer : un couloir à foin pour nourrir chevaux et poneys**, Paris-Normandie.fr, 11/08/2015, http://www.paris-normandie.fr/detail_communes/articles/3803959/hautot-sur-mer--un-couloir-a-foin-pour-nourrir-chevaux-et-poneys#.VjKfCksbqw1

12 **http://www.chantemerle.fr/fr/paddock.php**. Mais ce n'est qu'un exemple d'écurie qui développe ce concept. Tu peux en trouver d'autres sur Internet, par exemple sur le groupe Paddock Paradise France de Facebook.

13 **L'enrichissement du milieu de vie des chevaux**, L. Lansade, avril 2015, www.haras-nationaux.fr, http://www.haras-nationaux.fr/information/accueil-equipaedia/comportement-ethologie/cheval-et-vie-domestique/enrichissement-du-milieu-de-vie.html

14 **Behavioral and Transcriptomic Fingerprints of an Enriched Environment in Horses**, Léa Lansade, Mathilde Valenchon, Aline Foury, Claire Neveux, Steve W. Cole, Sophie Laye , Bruno Cardinaud, Frédéric Lévy, Marie-Pierre Moisan, décembre 2014, http://journals.plos.org/plosone/article?id=10.1371/journal.pone.0114384

15 **A note on the time budget and social behavior of densely housed horses, a case study in Arab breeding mares**, H. Benhajali, M.A. Richard-Yris, M. Leroux, M. Ezzaouia, F. Charfi, M. Hausberger, Appl. Anim. Behav. Sci. 112 (2008), 196-200.

16 **The effect of a neighbouring conspecific versus the use of a mirror for the control of stereotypic weaving behaviour in the stabled horse**, Mills DS, Davenport K, 2002, Anim Sci 74: 95-101.

17 **Foraging enrichment for individually housed horses : Practicality and effects on behaviour**, J.B. Thorne, D. Goodwin, M.J. Kennedy, H.P.B. Davidson, P. Harris, Applied Animal Behaviour Science 94, 2005, p 149–164

18 **Preliminary study of the effect of music on equine behavior**, Houpt, Katherine et al., Journal of Equine Veterinary Science , Volume 20 , Issue 11 , 691 – 737

19 **Domesticated horses differ in their behavioural and physiological responses to isolated and group housing**, Kelly Yarnell, Carol Hall, Chris Royle, Susan L. Walker, Physiology & Behavior, février 2015, n° 145, p 51-57

20 **EquiFACS: The Equine Facial Action Coding System**, Wathan J, Burrows AM, Waller BM, McComb K, 2015, PLoS ONE 10(8): e0131738. doi:10.1371/journal.pone.0131738

21 **Towards an Ethological Animal Model of Depression ? A Study on Horses**, Carole Fureix, Patrick Jego, Séverine Henry, Léa Lansade, Martine Hausberger, juin 2012, **http://journals.plos.org/plosone/article?id=10.1371/journal.pone.0039280**

22 **Expressive movements of horses (Equus caballus)**, Waring, G.H. and G.S. Dark, Paper presented at Animal Behavior Society Annual Meeting, University of Washington, Seattle, 1978 republié dans **Horse Behavior,** George H. Waring, éd. Noyes Publications/William Andrew Publishing, 2003

Remerciements

Je remercie infiniment tous **les chercheurs** qui dédient leur vie à améliorer notre connaissance des chevaux pour que nous puissions vivre plus en harmonie avec ceux-ci.

Je remercie tout particulièrement **l'équipe du Diplôme Universitaire d'Ethologie du Cheval de l'Université de Rennes 1** sans qui ce livre n'aurait pas été possible : **Martine Hausberger, Séverine Henry, Léa Lansade, Marie Bourjade, Carole Fureix et aussi tous les intervenants** qui nous ont ouvert leur porte lors de ce voyage au cœur de la vraie nature des chevaux : **la Station biologique de Paimpont, le Haras National du Pin, la station du Villaret, le Haras National de Pompadour**.

Loin de nous enseigner des méthodes, les chercheurs nous invitent surtout à nous poser les bonnes questions. Toute méthode peut être bonne ou mauvaise selon la façon dont on l'applique, le tempérament des individus, notre compréhension de celle-ci. Seul le questionnement et l'observation des réactions du cheval peut nous guider. Que l'on pratique l'équitation naturelle, classique, de compétition, nous avons tous intérêt à mieux comprendre ce qui conditionne les comportements, la santé et la performance de nos compagnons.

Je remercie **mes camarades et amis de la promotion 2014-2015 du DU Ethologie du Cheval** pour avoir partagé leur passion et leur enthousiasme, ainsi que pour leurs fous rires contagieux !

Un grand merci aussi à **Sarah Beguinot, Marylise Blanchy, Catherine et Vincent Bobin, Cécile Bosio, Séverine Caillaux, Claude et Gérard Chemin, Hélène et Marc Chemin, Eric Combes, Laurence David, Julie Druon, Anne Fauvel, Patrick Gras, Isabelle Nolot, Dominique Marelle, Chrystel Martin, Bao et Clément Pasquier-Desvignes, Sabrina Peyrille, Cécile Roussel**. Ils ont cru dans ce projet et ont aidé à financer la partie graphique.

J'en profite pour remercier aussi **Muriel Schmoor** qui a fait un très beau travail de mise en valeur graphique tout en respectant mes exigences liées au fond.

Et, bien sûr, j'adresse une énorme gratouille à **chacun de mes chevaux** qui m'ont ouvert la porte de leur pré et se sont livrés avec toute leur spontanéité et la générosité dont ces animaux sont capables quand on prend le temps de nouer une vraie relation.

Enfin, j'adresse un merci tout spécial à **ma famille** qui m'a toujours soutenue et à **mes enfants** qui m'ont inspiré chaque page de ce livre.

Merci !!! ;-)

www.ingramcontent.com/pod-product-compliance
Lightning Source LLC
Chambersburg PA
CBHW040054160426
43192CB00002B/69